Único

Único

DEL AUTISMO A LA NEURODIVERSIDAD

Aprendizajes de una madre

AGUSTINA VIDELA

Bonum

Videla, Agustina

    Único : del autismo a la neurodiversidad / Agustina Videla. - 1a ed . - Ciudad Autónoma de Buenos Aires : Bonum, 2020.

    302 p. ; 22 x 15 cm.

1. Autismo Infantil. 2. Discriminación Educacional. I. Título.
CDD 370.151

Fotógrafa: Nora Lezano
Editora: María Soledad Gomez
Correctores: Daniel Riera, Daniela Acher y María Sansotta
Diseñadora de interiores y tapa: Natalia Siri

Impreso en Argentina
Es industria argentina

Índice

ste es un prólogo breve, que pretende simplemente invitar a las lectoras y a los lectores a adentrarse confiadamente en estas páginas plagadas de experiencias, emociones, pensamientos, creencias, aprendizajes y herramientas que Agustina, madre de Lucas, nos brinda generosamente, con el objetivo de que aquellas herramientas que a ella le fueron de utilidad y los aprendizajes que adquirió a lo largo de estos años puedan servirles a otras personas.

Quiero compartirles tres reflexiones que me surgieron a partir de la lectura de ciertos párrafos de este libro.

1. **Los niños son sabios, y tenemos mucho por aprender de ellos.** Agustina cuenta una situación en la que se enojó mucho porque se había olvidado de esconder su computadora al ir a lavarse los dientes. Cuando terminó, descubrió a Lucas enfrente de esta. Al volver a la habitación, cerró con mucha fuerza la computadora, por lo que Lucas se asustó y se encerró en el placard.

Agustina le pidió perdón por haber perdido el control y Lucas, abriendo el placard, le dijo: *"Mamá, no tenés que sentirte así. Lo pasado, pisado. Y todo lo que nos da la vida es para aprender algo. Ya pasó"*. Lucas perdonó a su madre y remarcó que toda situación es una oportunidad para aprender. Muchos adultos desearíamos tener esa mirada y esa capacidad de perdonar que exhibe Lucas.

2. **Crear contextos amigables es esencial.** En una parte del libro, Agustina cuenta:

> *"Entonces, me digo que tengo que hacer todo lo que esté a mi alcance en estos años, que son decisivos para darle herramientas, perspectiva, amor y cuidado. Hoy leía a Thích Nhat Hanh. En un pasaje habla sobre cómo absorbemos el alimento sensorial, cómo las personas que nos rodean nos influyen. Tengo que ser una fuente de luz en su vida, y rodearlo de personas que también lo sean".*

Rodear a los niños de personas amables, compasivas, alegres, tranquilas, luminosas, respetuosas… hace toda la diferencia. Tenemos que aprender como adultos a transformarnos en esos seres luminosos que los niños necesitan.

3. **Tener un hijo con desafíos en su desarrollo es una fuente inagotable de aprendizaje.** Hacia el final del libro, Agustina hace la siguiente reflexión:

"Ahora creo que tener este hijo es exactamente lo que me tenía que suceder. Sin él, no hubiera atravesado las crisis que me llevaron a buscar dentro de mí lo que considero esencial. Gracias a mi desesperación, inicié caminos que de otra manera no hubiera emprendido, y encontré una espiritualidad que no había tenido hasta ese momento en mi vida. Lo que al principio juzgué como una desgracia se convirtió en mi mayor fuente de aprendizaje".

Agustina expresa, en pocas palabras, lo que muchas familias experimentan al criar a un hijo que invita continuamente a repensarnos, a establecer prioridades diferentes de las que teníamos, a soltar expectativas, a cultivar la paciencia, a adquirir herramientas… En fin, tal como dice Agustina, su mayor fuente de aprendizaje.

Ojalá que disfruten de este libro tanto como lo disfruté yo. Y ojalá encuentren en estas páginas herramientas que les sean útiles para recorrer este camino de continuo aprendizaje junto con sus hijos.

Ahora sí… ¡a leer y a aprender!

ALEXIA RATTAZZI

Agradecimientos

A Guido, por ser el mejor hermano
que alguien pueda soñar.

A Mónica, Enrique, Nené, María,
Ramón, Tessy, Jorge, Loli y mis hermanos,
por ser la tribu que nos sostiene.

A Cristina, Estefi, Malena, María José,
Fabián, María, Natalie, Lautaro
y Aixa, por ayudarnos a confiar,
reír y disfrutar.

En estos años al lado de mi hijo pasé muchos momentos de incertidumbre, otros tantos de desesperación y avancé largo tiempo en direcciones equivocadas. Finalmente recorrí un corto pero intenso período donde encontré algunas respuestas.

En estas páginas comparto los *diarios* de mis experiencias cotidianas escritos en el periodo entre los ocho y los diez años de Lucas, intercalados con los conocimientos que me brindaron nuevas perspectivas de ver la realidad.

Los cambios se construyeron con paciencia y nos dieron momentos de alegría que antes no teníamos.

En este libro no hay ninguna receta, cada individuo es distinto, pero confío en que sirva de compañía a quien también esté en la búsqueda de un camino singular.

Estuve todo el día en estado de alerta para evitar que sus enojos terminen en situaciones peligrosas, absorbiendo gritos, insultos y golpes a cada rato. Cuando me acercaba a él, gritaba: "¡Andate de acá! ¡Dejame en paz, maldita!".

Entro por cuarta vez al baño para decirle que se apure, que su hermano también se tiene que bañar.
El agua está corriendo pero él sigue parado al lado de la ducha, sin mojarse. Habla en voz alta: "Voy a conseguir todo lo que quiero, tengo una mamá malvada pero yo voy a ganar".

A esta altura del día estoy agotada.
Le pido que se bañe y me vuelve a gritar con toda su fuerza, diciendo que me vaya.

En un segundo, como un volcán en erupción, mi impotencia crece tanto que levanto la mano y le pego una cachetada en la cabeza, después otra. Él se agacha y le pego otra vez. Siento como si un animal salvaje hubiera salido de adentro mío. Paro. El monstruo me da asco pero de nuevo ya no soy yo, lo saco de la ducha agarrándolo del brazo y lo llevo a su cama. Me mira con cara de odio y empieza a tirarme patadas.

Entra Guido, ve la escena y sale corriendo.
Se tira a llorar en mi cama, voy detrás de él
y lo abrazo. Volvemos juntos al cuarto, les digo que
me siento muy mal por lo que hice, lloro, les pido
que me perdonen.

Medio dormida, le digo que a las siete todavía no puede
usar la computadora. Sale gritando de mi cuarto:
"¡Sos una puta!".

Las crisis se suceden unas a otras... porque no puede
abrir un frasco, porque le cuesta ponerse el pantalón,
porque se le escapa la naranja que va a cortar, porque
en el programa de ciencias que ve en la televisión
aconsejan no hacer los experimentos sin un adulto.

A cada rato se le ocurre algo y tiene que cumplirse
su voluntad inmediatamente, o empieza a gritar:
"¡Nunca me dan lo que quiero!".

A la noche ya no doy más. Les digo de ver un documental
pero decido cuál, para que no discutan entre ellos.
Lucas no quiere verlo y se va insultando.

Le muestro que puedo ser flexible y le ofrezco
que decida él. Media hora más tarde se aburre y me pide
programar en la compu.

Tiene un problema para visualizar la página,
le propongo solucionarlo al día siguiente porque
ya es hora de dormir. Se tira al piso mientras grita
y llora: "¡Nunca puedo hacer lo que quiero!".

Le recuerdo algunos de todos los deseos que cumplió
durante el día. "No voy a parar hasta que me dejes usar
la compu ahora". Pega un grito que me hace vibrar
los tímpanos, ante mi silencio vuelve a gritar:
"¡No te importa nada!", se levanta del piso, se va diciendo
que soy una puta, y mientras camina hacia su cuarto
se pone a llorar. "Cuando tenga dieciocho voy a ser libre
y nadie me va a decir lo que tengo que hacer".

En ese momento pierdo el control, camino hasta
su habitación, entro violentamente y le grito:
"¡Cuando tengas dieciocho vas a ser igual que ahora
porque son tus caprichos, uno detrás del otro,
que no te dejan ser feliz!". Se sorprende por un momento
y luego le doy miedo. Vuelve a gritar: "¡Pensás que soy
un chiquito y que me vas a asustar con esa actitud.
Cuando tenga dieciocho voy a ser feliz y voy a hacer
solo lo que yo quiera!".

De repente me doy cuenta de que estoy hundida
en su locura otra vez, pasando del llanto a la furia
en un instante, agotada, descontrolada, avergonzada.
Me siento a calmarme. Le pido perdón por hablarle así,
por decir lo que dije.

Nos sentamos al lado del pelotero, se devora
la hamburguesa, se va a jugar y aprovecho a quedarme
escribiendo. A los cinco minutos escucho:
"No podés hacer eso, sos más grande que él".

Salto de la silla. La situación ya está fuera de control.
Lucas le pegó a un nene de seis y la mamá
lo está retando. Sé que eso va a empeorar las cosas.

Voy directo a pedirle disculpas. Le explico que tiene
un trastorno y que el error era mío por distraerme.
Ella sigue diciendo que cómo le pudo pegar a su hijo,
aunque veo que no fue nada serio porque el nene está
al lado de ella sin llorar. Lucas la ve hablándome
tan enojada que va corriendo por detrás, le pega
en la pierna y se escapa de nuevo.

Le vuelvo a pedir disculpas, le digo que no es una
cuestión de maldad. Lucas sale del pelotero y se queda
escuchando. El nene, que parecía más curioso que
la madre, me pregunta qué enfermedad tiene.
Me agacho para mirarlo a los ojos.
"Los cerebros de algunas personas tienen más
dificultad en entender las intenciones de los otros.
Seguro que sin querer hiciste algo que él tomó

como una agresión y cuando tu mamá se enojó
conmigo le pasó lo mismo".

En ese momento, Lucas se asoma y explica que jugando
quiso asustarlo y el nene le había pegado, y por eso
le había devuelto más fuerte.

Me disculpo con la madre otra vez, que sigue con
cara de estar frente a un monstruo al que no puede
entender. Mientras tanto, otra mujer que está mirando
la situación pasa delante mío y me dice que soy
valiente y que no me gaste en dar tantas explicaciones.
Espero unos minutos más a que Lucas se calme.
Le propongo ir al supermercado, me responde con
un grito y sale corriendo. Junto nuestras cosas
lo más rápido posible y trato de no llorar mientras
camino detrás de él.

CAPÍTULO 1

Aceptación

No podemos cambiar nada
hasta que lo aceptamos.
La condenación no libera, oprime.

CARL JUNG

Unas semanas después de que Lucas empezó el jardín, la directora nos citó para decirnos que le preocupaban algunas de sus conductas. Entre ellas, que se escondiera debajo de las mesas, no siguiera las consignas y no interactuara con otros nenes. Nos sugiere hacer una consulta con un especialista.

En esa época, Lucas no respondía a su nombre, tenía grandes berrinches y casi no entablaba contacto visual con otras personas, sostenía su atención solo frente a una pantalla. Cuando pienso en retrospectiva sobre todos esos comportamientos, me pregunto cómo pude haber estado tan ciega.

La posibilidad de que mi hijo no fuera normal me resultaba tan perturbadora que mi familia no me había hecho ningún comentario por miedo a herirme. Nadie en mi entorno me había dicho nada hasta que nos llamaron del jardín. O tal vez sí, pero yo estaba tan negada a escucharlos que ni siquiera lo recuerdo.

No tenía idea de lo alejado que estaba mi hijo del desarrollo normal de cualquier niño, y no entendía de qué manera estas conductas atípicas podían ser tan graves como para derivar en una enfermedad. Me generaba miedo la sola idea de que el problema pudiera estar en su cerebro.

Lucas tenía dos años y medio cuando vimos al neurólogo. Fui con la secreta esperanza de que el médico dijera que no tenía nada. Esperaba escuchar que sus comportamientos se debían a que estaba celoso por el reciente nacimiento de su hermano, o que su falta de lenguaje era culpa de los constantes viajes que habíamos hecho hasta entonces. Pero en cambio el médico nos indicó todo tipo de estudios. Al salir de la consulta empecé a aceptar que teníamos un problema.

Un par de meses más tarde volvimos con los resultados. Dijo que Lucas tenía "un problema en el *software* y no en el *hardware*", neurológicamente todo era normal. Nos indicó sesiones de musicoterapia y "trabajar"; más tarde entendí que eso significaba estimularlo intensamente.

Nos dijo que era muy temprano para hacer un diagnóstico, debíamos tomarlo como un retraso en la comunicación. Nos explicó que era comparable a un retraso motriz: *"Hay chicos que empiezan a caminar más tarde que otros, pero una vez que empiezan, caminan igual que todos".*

Sin dudas ese era el mejor pronóstico que podíamos esperar: que hablara y se relacionara con más lentitud que el resto de los niños, pero de una forma similar. La otra opción era que el desarrollo no siguiera la curva normal. En ese caso, las perspectivas sobre su evolución eran completamente inciertas. Detrás de esa incertidumbre había una palabra en la que todos pensaban y nadie quería nombrar: autismo.

Hasta el momento que nació Lucas, nuestro estilo de vida consistía en viajar dando clases de tango, y pensamos que podíamos continuar de la misma manera hasta que empezara la escuela. Sin embargo, después de que cumplió un año me sentí incómoda con la vida itinerante que le ofrecíamos. Quise volver a Buenos Aires en busca de estabilidad y contención familiar, pensando que el cambio de vida también nos permitiría tener un segundo hijo.

Unos meses más tarde acordamos volver al país, y cuando nos reinstalamos en Buenos Aires ya estaba embarazada de Guido.

Lucas tenía dos años, pero todavía no hablaba. A diario vivía momentos de mucho enojo, no aceptaba ninguna directiva, y hacer actividades tan simples como caminar hasta la plaza podía convertirse en un enorme desafío. Tenía intereses muy marcados, era imposible que se sentara en el arenero a jugar con otros nenes. Sacarlo de una actividad que le gustaba generaba gritos y patadas. Las acciones más simples de la vida cotidiana se tornaban casi imposibles.

La musicoterapeuta nos indicó recomenzar la enseñanza del lenguaje como si se tratara de un bebé, y nos dimos cuenta de que ni siquiera asociaba las palabras a los objetos.

Yo seguía culpando a los viajes. Ella nos repetía que el lenguaje es como la punta de un iceberg. *"Lo importante es todo lo que está abajo y no se ve"*. Teníamos que generar en Lucas ganas de compartir y comunicar.

A esa edad, el aprendizaje sucede a través del juego. Yo era siempre cariñosa y presente pero tomaba sus tiempos de juego para ocuparme de la casa y el trabajo. A partir de ese momento, jugar se convirtió en nuestra actividad más importante y me di cuenta de que no era fácil. Tuve que aprender a interactuar con él de una manera específica para lograr captar su atención y compartir experiencias.

A pesar de todos estos síntomas, no se me cruzaba por la cabeza pensar que Lucas pudiera tener autismo. Mi desconocimiento hacía que tuviera una idea estereotipada de lo que significaba. Creía que todos los niños con autismo estaban encerrados en su mundo haciendo movimientos repetitivos sin mirar a nadie. Lucas no era así. Con el tiempo descubrí que tampoco el autismo.

La consulta con el neurólogo fue, para el papá de Lucas y para mí, un balde de agua fría. Nos dimos cuenta de que no teníamos el hijo perfecto que habíamos imaginado.

Pensamos que sus conductas se debían a cómo el otro lo educaba, si era demasiado permisivo o muy estricto; y mientras nos echábamos la culpa, nos alejábamos.

La desesperación nos llevó a tener cada vez más diferencias sobre el modo en que debíamos actuar. Nuestras angustias y decepciones nos impedían enfocarnos en resolver lo que estaba ocurriendo. Cuatro meses después, nos separamos.

Los problemas de pareja habían empezado hacía mucho, y los desafíos de Lucas se convirtieron en el detonante de la explosión. Por trabajo, él se mudó a Nueva York, y yo me quedé en Buenos Aires acompañada por mi familia. Los dos empezamos nuevas relaciones unos meses más tarde.

En ese momento, Lucas ya tenía tres años y seguía sin hablar, usaba pañales y no respondía a ninguna directiva. Guido tenía apenas seis meses. Al terminar ese año intenso, todavía desconocía lo que le pasaba a mi hijo, pero estaba decidida a hacer frente a lo que fuese.

Al año siguiente, la musicoterapeuta recomendó buscar un jardín donde pudiera tener una maestra integradora, un adulto exclusivamente dedicado a atender sus necesidades. Empecé un periplo de entrevistas, y comprobé que no todos los jardines privados tienen esta posibilidad. En la mayoría, al plantear que mi hijo necesitaba una maestra integradora, me decían que ese no era el jardín indicado para él. Finalmente, encontré una institución que lo recibió.

Mientras tanto continuábamos con el tratamiento, y a las sesiones de musicoterapia dos veces por semana le incorporamos las de fonoudiología. La terapeuta me explicó que como Lucas todavía no hablaba, sería otro espacio de juego para practicar habilidades sociales, como la capacidad de esperar turnos o respetar las consignas.

Al terminar las consultas me decían: *"Estuvo bárbaro"*, *"Jugó genial"*. Sus comentarios, siempre positivos, no coincidían con las dificultades que yo vivía cotidianamente; igual me sentía feliz al pensar que estaba progresando.

El tiempo transcurría y me aferraba a cada avance en su desarrollo para confirmar que era inteligente, como si al ser capaz de incorporar conocimientos sus problemas pudieran desaparecer.

Pasó un año en el que seguí haciendo lo que me decían, confiada en que gracias a ello iba a mejorar, pero sin entender qué tenía ni de qué manera lo estaban ayudando.

A medida que fue creciendo ganó fuerza física. Las crisis de enojo se volvieron más preocupantes e inmanejables. Durante un tiempo se negaba a vestirse. Cuando trataba de disciplinarlo, me gritaba, me tiraba cosas y luego se quedaba sentado sin dejar que se le acercaran. Pasaban horas hasta que lograba esa simple rutina de la vida cotidiana.

Cada vez que lo iba a buscar a la escuela tenía la ilusión de que la maestra me dijera que había estado bien y que al día siguiente sería igual, hasta que finalmente todo pasara a ser un recuerdo. Lo llevaba a las terapias con la misma esperanza de que cuando saliera, cuarenta minutos más tarde, ya estuviera curado y fuera un chico normal.

Cumplía con mi rol, lo acompañaba en las rutinas cotidianas, lo llevaba a las terapias y le contaba cuentos antes de dormir. Mientras tanto, el neurólogo, la musicoterapeuta, la fonoaudióloga y el equipo de integración eran los especialistas y estaban trabajando en su tratamiento. En ningún momento ninguno de ellos me sugirió aprender estrategias o capacitarme para ayudar a Lucas.

Al año siguiente elegí una escuela pública para empezar preescolar, a pesar de que los terapeutas dudaban de que fuera la mejor opción.

Mientras tanto las dificultades se transformaban y acrecentaban. Aunque también había muchos progresos: a los cinco años empezó a hablar.

Al mismo tiempo, la musicoterapeuta consideró que su tarea había terminado y nos derivó a un psiquiatra, quien dijo que no veía nada anormal en Lucas y que solo necesitaba estructura y orden. En sus sesiones le proponía un juego libre y evitaba cualquier frustración. Yo le contaba que no acataba las consignas más básicas de la vida diaria y que al disciplinarlo sus berrinches aumentaban. Vivíamos en continuas crisis de enojo. Finalmente, como única respuesta me propuso medicarlo. Me resistí un par de meses, pero cuando las situaciones me empezaron a poner agresiva a mí también, acepté.

El psiquiatra decía que Lucas tenía un vínculo muy fuerte con su papá y que su furia se debía a que estaba lejos. Atribuía la agresividad a la dinámica inestable de las visitas: *"Su papá está por llegar"*, *"Su papá se está por ir"*, *"Su papá no viene hace mucho tiempo"*. Mientras tanto, seguía afirmando que él no veía nada raro y que no tenía que preocuparme.

Si no había una enfermedad que explicara sus conductas disruptivas, yo tenía que ser la responsable. Sus gritos, enojos y desobediencias eran por falta de disciplina. Necesitaba una madre con más autoridad, más estricta, que pusiera límites. Comencé a mandarlo "a pensar" después de cada conflicto. Las penitencias se repetían una y otra vez. Estaba decidida a instaurar respeto mostrándole las consecuencias de sus malos comportamientos.

El resultado fue catastrófico.

Las conductas se repetían con mayor frecuencia e intensidad, pero además estaba enfurecido conmigo. Esta incomprensión nos fue alejando cada vez más y me hundió en una frustración total.

Empezó primer grado, y yo continuaba con la ilusión de que finalmente su desarrollo se nivelara con el de sus compañeros. Llegar a la primaria fue un gran logro y pensaba que con un poco más de esfuerzo todo entraría en la normalidad.

Con mi nueva pareja decidimos mudarnos a Estados Unidos. De esa manera, mis hijos también podrían crecer en la misma ciudad en la que vivía su papá.

El psiquiatra opinó que la decisión era lo mejor que podía pasarle a Lucas. Pensaba que estando cerca de su papá, yendo a una escuela progresista y viviendo en una sociedad más ordenada ya no iba a tener problemas.

Me ocupé de organizar la adaptación de la mejor manera posible. Empezaron a tomar clases de inglés e investigué la oferta educativa de la ciudad, hasta que encontré la escuela ideal. Tenía solo cincuenta alumnos y el proyecto escolar estaba centrado en respetar los tiempos e intereses de cada niño. Yo confiaba en que, con ese contexto, Lucas no iba a necesitar una maestra integradora.

Preparamos cuidadosamente el gran cambio y nos mudamos a fin de año. Me entusiasmaba haber encontrado la solución que me iba a devolver al hijo de mi imaginación.

Al llegar continué disciplinándolo de una forma estricta. Sin embargo, sus reacciones se volvían cada vez más violentas, revoleando objetos en la cabeza de su abuela cuando le decía que no hiciera algo; desconcertantes, escapándose de una clase de danza y vagando por un edificio; y realmente extrañas, imitando los movimientos de un perro mientras viajábamos en subte. Día tras día constataba que los problemas que teníamos no eran una cuestión de disciplina y que los métodos que usaba solo empeoraban las cosas.

En el ámbito escolar se hizo evidente que toda esa nueva estructura individualizada no alcanzaba para que Lucas pudiera funcionar como uno más dentro del grupo. Después de un par de meses, me empezaron a citar y nuevamente vino la indicación de terapias y consultas médicas.

Entendí que mi última esperanza mágica se desvanecía. Estaba tan confiada en el carácter transformador de la mudanza que cuando llegué tiré el certificado de discapacidad.

El neurólogo había sugerido tramitarlo para que el seguro médico cubriera las terapias. En su momento, el papá de Lucas tuvo algunos reparos; yo inmediatamente lo acepté como una cuestión práctica. Con el tiempo, descubrí que mi énfasis en la practicidad escondía más de un prejuicio y mucha negación.

Ahora me tocaba explorar el sistema público de educación especial norteamericano. Comenzar un nuevo y largo periplo. El primer paso era hacer una evaluación completa para determinar qué terapias necesitaría y cuál sería su plan de aprendizaje individual. Luego se le asignaría una escuela que brindara esos servicios, y se formaría un equipo para hacer el seguimiento de los objetivos de aprendizaje. En este plan, la madre estaba incluida junto con el equipo, para definir las intervenciones más adaptadas a las necesidades del niño y la familia.

Al entender el proceso, me di cuenta de que llevar adelante la educación de Lucas era una ocupación a tiempo completo e indelegable. Algunos meses después de mudarnos ya vislumbraba las enormes dificultades que tenía por delante. También veía cuánto se acrecentaban al no estar cerca de mi familia.

A la situación de Lucas se sumaron el descontento de Guido por la mudanza y mis dificultades de pareja. Mi vida se volvió insostenible cuando al papá de los chicos le detectaron un cáncer y tuvo que viajar de urgencia para tratarse en Buenos Aires.

La crisis era total. Lucas fuera de control, Guido deprimido y mi matrimonio en cortocircuito.

Mientras esa gran crisis se gestaba, una amiga me hizo descubrir un libro sobre crianza.[1] Al leerlo, mi mirada empezó a abrirse a otras formas de educar, y decidí buscar información que tratara mi mayor preocupación, la agresividad.

Así descubrí al psiquiatra Ross W. Greene,[2] que propone un método de resolución de problemas de forma colaborativa que aplica a niños con dificultades emocionales y sociales. Al leer este material sentí un gran alivio. Comprobé que mi hijo no era el único con problemas de intolerancia, irritabilidad, inflexibilidad y agresividad. No era un monstruo al que tenía que combatir. Por primera vez encontré propuestas concretas para resolver los problemas cotidianos que enfrentaba. Saber que muchos otros niños tenían dificultades parecidas y que había profesionales que

---

1   **FABER, A. y MAZLISH, E.** (1997). *Cómo hablar para que sus hijos le escuchen y cómo escuchar para que sus hijos le hablen.* Barcelona: Medici.

2   **GREENE, R. W.** (2013). *El Niño explosivo: Un nuevo modelo para comprender y criar al niño fácil de frustrar y crónicamente inflexible.* Bloomington: iUniverse.

se ocupaban de ayudarlos me sacó de mi aislamiento. Yo también podía entender sus necesidades.

Durante las últimas semanas en Estados Unidos estaba tan desbordada que comencé sesiones con una psiquiatra. Al describirle algunas de las situaciones que vivía con Lucas, se le ocurrió mostrarme un pequeño video que le habían compartido, llamado "Just Breathe".[3] A partir de ese momento, la práctica de *mindful* se convirtió en una de las herramientas que más nos ayudó a transitar la agresividad.

Cuando el papá de los chicos volvió a Buenos Aires, junto a mi marido decidimos que lo mejor sería que yo hiciera lo mismo con mis hijos, y nos tomáramos unos meses para pensar sobre cómo seguiríamos.

Para entonces, ya había tomado conciencia de que Lucas tenía algo que no se iba a ir con una nueva escuela o ciudad. Incluso trabajando mucho, los desafíos irían cambiando, pero nunca desaparecerían. También estaba convencida de que los siguientes años iban a ser decisivos para disminuir los problemas de agresividad antes de que llegara a la adolescencia. Por último, había entendido que el apoyo incondicional de mi familia era un espacio de socialización imprescindible para él.

Cuando volví a Buenos Aires, sentí una gran presión para ponerle un nombre a sus dificultades. Exactamente

---

3 https://www.youtube.com/watch?v=RVA2N6tX2cg

cinco años después de la primera consulta con el neurólogo, decidí hacer un estudio completo. Busqué el instituto con mayor reputación de Buenos Aires y luego de una serie de entrevistas psiquiátricas, psicológicas y tests de lenguaje, le dieron un nombre a tantos años de incertidumbre.

El diagnóstico fue *trastorno semántico pragmático*. Por primera vez tenía una prueba de que mi hijo sufría una enfermedad, y esto me sirvió para hacer el duelo de mi pensamiento mágico, terminar con la ilusión de que un día me iba a despertar y Lucas iba a ser como todos. Aceptando que era diferente dejé de intentar que se comportara de la forma esperada a cada paso. Me liberé de la culpa de tener un hijo maleducado.

Fue muy difícil desprenderme de todas las miradas y prejuicios. Durante mucho tiempo, cada vez que hacía una escena me preocupaba más lo que pensaban de mí que la manera en que podía ayudarlo a él.

Recuerdo que antes de tener hijos, al ver un nene gritando o que no hacía lo que correspondía, inmediatamente culpaba a los padres. Los problemas emocionales y sociales son terreno desconocido para la mayoría de las personas; en oposición a las diferencias físicas, no cuentan con ninguna tolerancia de parte de la sociedad.

Esta aceptación también generó la decisión de convertirme en protagonista. Hasta ese momento había asumido que solo tenía que escuchar y mirar el trabajo de los profesionales, creía que ellos sabían qué era lo mejor para mi hijo y debía acompañarlos pasivamente. Nunca me había sentido capacitada para ayudar, opinar o decidir. Este empoderamiento vino acompañado de una gran responsabilidad. Decidí que lo que no sabía lo podía aprender. Tenía muchos años por delante al lado de mi hijo y cuanto antes empezara a entenderlo, sería mejor.

Mientras tanto, la vida siguió transcurriendo. Me divorcié por segunda vez y suspendí mi trabajo para ocuparme completamente de Lucas.

El papá de los chicos, luego de un año y medio de tratamientos, falleció. Los meses previos y posteriores a su muerte fueron muy difíciles.

Hace poco leí: *"La vida de un niño es como una calesita; los profesionales que lo atienden se suben durante una vuelta, pero su familia está arriba toda la vida"*.

Por alguna razón, siempre asumí que la crianza es algo natural que no necesita preparación. Ahora creo que es importante reflexionar sobre cómo acompañar el desarrollo de cualquier niño, pero para los adultos que somos parte de la vida de personas con dificultades socioemocionales, es imprescindible, es simplemente una cuestión de supervivencia.

Después de unos días intensos de ataques inexplicables,
gritos, portazos, amenazas, insultos y violencia,
estoy vacía. Llegué a un punto donde se me fue
la energía, perdí el deseo básico de "hacer",
tengo la sensación de que todo es un sinsentido.

Por momentos me descubro pensando cosas horribles
sobre mi hijo, deseando que no esté en mi vida.
Me encuentro sin saber cómo acompañarlo en esos
momentos de locura sin caer también en ella.
Siento que necesito alejarme y mientras lo hago,
aunque sea por momentos, lo estoy abandonando.
Y lo veo emocionalmente solo, perdido en sus dogmas,
en sus ideas, en su furia. Enojado con la vida misma.

Siento que hay algo que se quebró adentro mío.
Como un hilo que lo sostenía de mi mano
y ahora ya no está.

Sus episodios se vuelven cada vez más injustificados.
Y a pesar de que hago todo para evitarlos, no lo logro.

"¿A quién tenemos que ver?". A la psiquiatra, le digo.
"No tengo ganas de hablar, mamá, me aburre.
No quiero estar acá".

Al llegar, se distrae con una pregunta que ella le hace
sobre el muñeco que trae, pero después logra decirle
que no quiere hablar. Me agarra la mano y la lleva
a su frente, para mostrarme que está caliente,
como un signo de que se va a enojar.

El plan es que Lucas tenga dramaterapia y yo
me quede hablando con la psiquiatra.
Lo acompaño a donde tiene la sesión y me encuentro
con la terapeuta en el pasillo.
"Voy a atenderlo en otro consultorio, yo lo llevo".
Dejo a Lucas con ella y vuelvo. La psiquiatra me dice
que como lo ve más tranquilo quiere evaluarlo y hacer
las adaptaciones curriculares para la escuela, y también
quiere bajar la medicación. Me pongo muy contenta.
Unos minutos después, Lucas entra corriendo y gritando
al consultorio. "¡No voy a volver, me quedo acá!".

La terapeuta llega atrás de él, incómoda frente
a su conducta, y lo reta por entrar así. Él le responde
que su mamá esta ahí. Ella insiste para que vuelvan

a jugar, pero Lucas no quiere. La psiquiatra se suma
al pedido: "Te vas a divertir".

Yo prefiero indagar por qué no quiere ir.
"No pasó nada, mamá, pero me quiero quedar acá".

La terapeuta le dice que vuelva a buscar las cartas
que se olvidó. Lucas se asusta ante la idea de perderlas
y le pide que vaya ella. "Tenés que acompañarme porque
se pueden perder, si no". En su tono se escucha el pequeño
chantaje que lo obliga a hacer lo que le piden.

Esto le da tanta rabia que al pasar por al lado de ella
le pega. Sale corriendo, recupera las cartas y vuelve.

Mientras tanto, la terapeuta me relata lo que había
pasado. "Le pedí que dibujara una historia
y él dijo que no lo hacía bien. Insistí diciéndole que
lo iba a ayudar y Lucas salió corriendo".

Al terminar de escuchar la escena, la psiquiatra decide
posponer las adaptaciones curriculares y aumentar
la medicación. También me dice que yo le pregunto
demasiado a Lucas el porqué de sus conductas:
"A menudo no hay explicación para las crisis".
Me animo a responderle que no estoy de acuerdo.

En este caso, sé que el único amigo de Lucas dibuja
muy bien. Siendo tan perfeccionista y competitivo,
insistirle en que dibujara pudo haber sido el detonante
de una situación que lo exponía al fracaso.

Pero ninguna de ellas había indagado lo suficiente
en la vida de Lucas como para saberlo.

Logro que la psiquiatra me dé una semana más para
evaluar a Lucas en las otras terapias antes de aumentar
la medicación. Me parece arbitrario que tome la decisión
opuesta a lo que me planteó al principio de la sesión
solo por lo que acaba de pasar.

Entramos al supermercado. Al llegar a la góndola
de juguetes ve el Monopoly y quiere comprarlo.
Le digo que no tengo problema pero que es un juego
con reglas y si se enoja no va a poder jugar.

Me contesta que no me preocupe, que él entiende.
Mientras avanzamos con el resto de las compras,
le repito una o dos veces más que es un juego donde a
veces se pierde y otras se gana. Se queda en silencio.

Cuando llegamos a la caja voy sacando todo lo que
compramos. Al terminar, me doy cuenta de que no está
el juego. Miro alrededor y lo veo apoyado en un estante.
Le pregunto por qué lo deja. "Estuve pensando, mamá,
creo que es mejor esperar hasta que supere mis
problemas de enojo y competencia".

Al llegar al instituto, le propongo a Lucas que le cuente
a la terapeuta qué le había pasado la sesión anterior.
Él logra decirle que no le había gustado cambiar
de consultorio. Ella le explica que tienen que estar
en ese espacio por una modificación de horarios
durante las vacaciones de otra terapeuta.

Lucas se enoja y llora; finalmente, después de hablarle
y hacer un chiste, ella logra que entre.
Participa de la sesión y faltando unos minutos,
le dice que se quiere ir. Ella intenta convencerlo
de terminar la actividad para mostrarme lo que hicieron.
Lucas insiste: "Me quiero ir ahora".
Para evitarlo, bloquea la puerta parándose enfrente.
Lucas se desespera y grita más fuerte. "¡Mamá, por
favor, ayuda, quiero salir!". Cuando lo escucho,
le pido que me abra antes de que las cosas empeoren,
pero él ya le está pegando.

Lucas me escucha y grita más fuerte. Al abrirse
la puerta, corre gritando: "¡Libertad! ¡Respeto!".
Me abraza llorando y angustiado.

No puedo evitar decirle a la terapeuta que llegar
a esas situaciones destruye el vínculo que

está tratando de establecer. Me contesta: "La idea era darle un cierre a la sesión, solo faltaban unos minutos". Le recuerdo que Lucas le había pedido varias veces salir antes de tener una conducta agresiva, pero ella puso sus objetivos por encima de su escucha.

CAPÍTULO 2

Tratamiento

Los pájaros nacidos en jaula
creen que volar es una enfermedad.

ALEJANDRO JODOROWSKY

"Presenta indicadores compatibles con un trastorno semántico pragmático de la comunicación, y si bien su conducta desorganizada, rígida y por momentos desajustada se encuentra en muchos niños con dicho trastorno, su nivel de desajuste impresiona que presenta un severo trastorno de desregulación conductual y emocional en forma comórbida".

La psiquiatra me leyó el informe sin traducirme el significado de ninguna de esas palabras, y me fui del consultorio sin haber entendido nada. Igual me sentía tranquila, pensando que ellos sí sabían, y ahora podrían ayudarlo.

El tratamiento que me indicaron consistía en aumentar la medicación y en una serie de terapias. La medicación era la misma que venía tomando, una droga que se utiliza para disminuir la irritabilidad. En cuanto a las terapias, la indicación fue que Lucas necesitaba "de todo".

Comenzamos con musicoterapia, terapia cognitivo-conductual y fonoaudiología. Además, una consulta psiquiátrica cada quince días y un encuentro mensual entre el equipo terapéutico, el de integración escolar y la familia. Gradualmente, se irían sumando el resto de las terapias.

Decidí que esta vez estaba poniendo a Lucas en manos de los mejores profesionales, no para delegarles completamente la tarea como había hecho hasta entonces, sino para aprender de ellos.

Todavía no entendía cómo el hecho de tener un diagnóstico nos ayudaría en nuestra cotidianidad, ni cuáles eran los objetivos terapéuticos que habían definido, pero decidí enfocar mi energía en comprender todas esas incógnitas.

Empecé a observarlos con mucha atención: a preguntar lo que no me explicaban y a cuestionar lo que no entendía. Dejé de asumir que había aspectos del tratamiento que estaban fuera de mi alcance. Este proceso se fue potenciando con lecturas que me guiaban y muchas veces confirmaban mis intuiciones.

Hubo un libro en particular que me ayudó a validar mis impresiones: *Uniquely Human: A Different Way of Seeing Autism*, escrito por Barry M. Prizant, un médico de gran trayectoria. De su libro extraje y traduje los párrafos que cito en este capítulo.

"Es natural sentirse superado, confundido, o incluso miedoso al intentar conseguir la mejor forma de ayudar a un hijo en el 'espectro'. Muchos padres sienten que su instinto los hace confiar en la sabiduría de otros a quienes ven me-

jor preparados y con más conocimientos. Aquí va el consejo que escuché dar a padres de chicos con autismo: esos expertos sabrán más sobre autismo, pero vos sos el experto de tu propio hijo.

Nadie tiene la perspectiva, la sensibilidad o la habilidad de percibir las sutilezas del comportamiento de un chico como sus propios padres. Nadie sabe mejor que una madre o un padre lo que una leve expresión de la cara o un tipo de llanto particular significan. Un padre sabe cuándo su hijo necesita una pausa o cuándo está abierto a conectarse. Madres y padres son los que se dan cuenta de los momentos en que los chicos consiguen un logro importante o superan una etapa, de una forma que los llamados expertos se lo pueden perder simplemente porque no están en la frecuencia del niño".[4]

El tratamiento de Lucas comenzó con seis sesiones de terapia semanales. El instituto quedaba a más de media hora de distancia de nuestra casa. Algunos días íbamos solo por una sesión de cuarenta minutos y viajábamos el doble de tiempo de lo que duraba la terapia. Al viaje había que sumarle la espera para tomar el colectivo y la que teníamos en el instituto hasta ser recibidos. Esos tiempos de transición eran difíciles: muchas veces, Lucas se obsesiona-

---

[4] PRIZANT, B. M. (2016). *Uniquely Human: A Different Way of Seeing Autism.* Nueva York: Simon & Schuster.

ba con comprar cosas que veía en las vidrieras; otros días estaba muy inquieto, no se quería sentar en el colectivo o me pedía jugar en el teléfono para tolerar el viaje. Los tiempos de pantalla que le daba para que llegara tranquilo a las sesiones me dejaban prisionera al momento de entrar. Había mañanas en que se negaba a participar o quería irse antes de que terminara la sesión. Muchos factores podían interferir en su capacidad de acceder a cada encuentro. La sola coordinación de llegar a horario, que no nos hicieran esperar y que él estuviera dispuesto era compleja y frágil.

Para cumplir con esa agenda de actividades pasábamos casi todos los días corriendo desde las ocho de la mañana hasta el mediodía.

Llegó un punto en que pude ver que mi relación con él se estaba reduciendo a vestirlo, sacarlo de casa, sentarme en la sala de espera, volver a subirlo al colectivo, darle de comer y llevarlo a la escuela. Estábamos toda la mañana juntos y sin embargo no compartíamos un solo momento agradable. El ritmo que imponía la agenda de terapias aumentaba mi estrés, y se traducía en la manera en que me relacionaba con él. Empecé a plantearme cuál era el costo/beneficio de cada espacio terapéutico. ¿Quién podía, más que yo, entender qué significaba para nosotros llevar adelante esa agenda? Ningún profesional estaba evaluando lo que vivíamos antes y después del tratamiento.

"Muchos padres siguen un plan prescrito sin importar cuán estresante o disruptivo pueda ser. Eso no es necesario y puede causar estrés en padres e hijos por igual.

Como una guía, las investigaciones indican que veinticinco horas por semana de actividades enfocadas en comunicación social y aprendizaje es el tiempo óptimo para la mayoría de los chicos. Estas actividades pueden ser tan simples como cepillarse los dientes o hacer pochoclos, no solo terapias ofrecidas por profesionales. Apilar horas adicionales de terapias individuales no necesariamente agrega valor".[5]

Para que el terapeuta organice su trabajo y a su vez el instituto coordine una agenda, es necesario pautar horarios. Estos son inevitables y rígidos por definición. También es necesario estipular una duración para poder citar a otros pacientes. Todo esto es obvio, pero a la vez completamente opuesto a la naturaleza de un niño inflexible. Por lo tanto, la necesidad de que él se flexibilizara para entrar a un consultorio a una determinada hora y trabajar durante un determinado tiempo sumaba ya una serie de problemas previos a los que la terapia misma tenía que resolver.

Incluso cuando lograba que entrara tranquilo, su mente estaba llena de pensamientos. Los terapeutas tenían un repertorio de actividades limitado y ajeno a sus intereses,

---

5   **PRIZANT, B. M.** (2016). *Op. cit.*

y no contaban con el tiempo de descubrir su mundo. El resultado era un casi continuo cortocircuito.

Pensaba que todas estas terapias iban a mejorar su capacidad de tolerar la escuela. Finalmente entendí que le estaba exigiendo el doble. No solo tenía que adaptarse a los horarios escolares, sino que además, en su tiempo libre, lo llenaba de obligaciones que no disfrutaba.

Poco a poco, observé que Lucas podía asimilar conocimientos, pero estos momentos de apertura no eran fijos: podían aparecer a cualquier hora y en cualquier lugar: en el colectivo, después de comer, antes de dormir. Necesitaba encontrar la forma de aprovechar cada una de estas situaciones.

"Casi cada semana tengo una conversación como esta: una madre o un padre me piden consejo sobre una actividad particular, una terapia o un cierto enfoque en el tratamiento de su hijo. Cuando les doy confianza diciéndoles que su impresión es probablemente la correcta, ellos siempre me responden: 'Eso es lo que pensaba, pero mi terapeuta (o médico o profesor) estaba en desacuerdo'. Confíen en sus instintos".[6]

6   PRIZANT, B. M. (2016). *Op. cit.*

El instituto atendía todo tipo de dificultades neurológicas. Muchas veces, en la sala de espera Lucas era testigo de situaciones complejas. Los consultorios eran diminutos, algunos sin ventanas. Los terapeutas usaban delantal de médico. Por momentos me preguntaba: ¿Qué pensará Lucas de todo esto? ¿Por qué creerá que estamos acá? ¿Sentirá que lo queremos arreglar?

Tomé conciencia de su mirada frente a la situación. Sabía que ese espacio tan medicalizado lo proyectaba hacia un lugar donde él era un enfermo. Me pregunté a mí misma: ¿Es así como quiero que se perciba?

A medida que pasaban los meses, observaba con ojos más críticos ciertos modos de hacer y pensar. Pero todavía estaba en un período de desarrollar preguntas y confiar en que había algo que yo aún no entendía.

Empecé el tratamiento a mediados de año. Cuando retomamos después del verano ya tenía algunas certezas; una de ellas fue que esa agenda sobrecargada de viajes era negativa. Insistí en que al menos algunas terapias fueran a domicilio. Debido a sus disponibilidades fue posible con dos de ellas, pero al mismo tiempo, la psiquiatra decidió sumar dramaterapia y terapia ocupacional, así que nuestra agenda siguió siendo igual de estresante.

La comunicación con los miembros del equipo también me preocupaba. Algunos veían a Lucas dos veces por semana; otros, solo una. La información que compartían eran los registros que cada uno escribía después de las sesiones. La única terapia en la que yo participaba era el encuentro con la psiquiatra, cada quince días, pero a ese espacio también asistía Lucas, por lo tanto no podía plantear mis preocupaciones. En el marco del tratamiento no había un solo lugar para que yo compartiera los problemas que vivía cotidianamente. Nadie me preguntaba qué le pasaba fuera de las sesiones, o sea, la mayor parte de cada día.

Mientras tanto, yo seguía inmersa en la observación de mi hijo. Quería conocer lo que le gustaba y lo que no; descubrir sus intereses e identificar sus dificultades. Por primera vez, había dejado de juzgarlo para empezar a escuchar lo que necesitaba. Sumergida en ese proceso, se hacía más evidente cuán alejado de su realidad estaba todo ese equipo.

"El camino se ve diferente en cada familia, de la misma manera que para los padres que están educando a cualquier niño. Como parte de mi práctica privada, una vez tuve dos familias que me consultaron con diferencia de días. Los padres de cada familia tenían un hijo de tres años que recientemente había sido diagnosticado con autismo. Mi rol era confirmar ese diagnóstico y comenzar una conversación sobre cómo podría ser el futuro para ellos y cómo la familia debería avanzar.

Después de la discusión inicial del diagnóstico, el primer padre me preguntó: '¿Usted cree que algún día podrá ir a la universidad?'. Esa era su preocupación principal. ¿Su hijo podría triunfar académicamente?

Con la segunda familia, la primera parte de la discusión fue prácticamente idéntica, pero después la madre me hizo una pregunta: 'Queremos saber, ¿nuestra hija será feliz?'. Esa pregunta estaba orientada a: ¿Va a tener amigos y personas alrededor que la amen? ¿Será una persona respetada en su comunidad?

Cada familia es diferente. El mismo diagnóstico, mismo lugar en el camino, muy distintas prioridades".[7]

Las terapias eran para Lucas, a veces él insistía en que pudiera entrar a compartir un logro o un momento divertido, pero si no mi rol era esperarlo. Al terminar la sesión, el profesional me contaba cómo había sido el encuentro. Lucas era consciente de lo que hablábamos, y me tironeaba del brazo o se ponía a llorar para que nos fuéramos lo antes posible. De todas maneras, los terapeutas ya tenían otro paciente esperando. Algunas veces logré que me dijeran cuál había sido el objetivo de la sesión. Por ejemplo, me contaban que habían jugado a un juego de mesa para que aprendiera a esperar turnos.

Siempre me sentí incómoda en hacer preguntas. Ahora entendía que tenía el derecho de saber: ¿Qué hicieron

---

7   **PRIZANT, B. M.** (2016). *Op. cit.*

dentro del consultorio? ¿Cuál es el objetivo en esta etapa? ¿De qué manera podríamos aplicar las estrategias que le están enseñando? ¿Qué podría hacer el resto de la familia frente a esa dificultad?

Los terapeutas tenían que conocernos más profundamente. Informarse para entender qué era importante en la vida de Lucas y del resto de su familia. Debían indagar: ¿Cuáles son las situaciones donde tiene más problemas? ¿Qué le impide relacionarse con otros chicos? ¿Qué cambios son prioritarios para la convivencia de la familia?

Durante el tiempo que estuvo en tratamiento ningún terapeuta me dio material escrito, videos o consejos para continuar el trabajo afuera del consultorio. Ninguno me recomendó libros con estrategias para los familiares. Sin embargo, cada día confirmaba cómo era indispensable fortalecer las dos vías. Una vía era la de él hacia los demás, y la otra era la del entorno hacia Lucas. Cuanta más información y estrategias tuvieran las personas que lo rodeaban, tenía más posibilidades de llevar una vida social agradable.

"Algunos profesionales ven al niño meramente como una suma de déficits, cuando es más valioso y sensible tener un acercamiento desde el desarrollo, entendiendo las fortalezas y necesidades a medida que crecen y evolucionan en el tiempo y etapas. Cuando los profesionales simplemente entregan una lista de las cosas que el chico no puede hacer, están enfatizando una comparación con otros niños o

con una medida estándar, en vez de ver la totalidad del niño que está enfrente de ellos.

En la mayoría de los casos, los padres conocen a su hijo mejor que nadie más. Y como diagnosticar el autismo es un proceso colaborativo, es esencial que las madres y los padres estén incluidos. Los profesionales deberían comunicar a los padres que sus observaciones son válidas, respetadas e importantes. En vez de simplemente entregar un veredicto, el profesional debería volcarse a los padres para validar sus observaciones profesionales y llegar a un consenso.

El error más común que cometen los profesionales al diagnosticar es entregar una etiqueta de diagnóstico sin ninguna otra explicación. Esto es irresponsable e insensible. Los profesionales deberían identificar fortalezas, especialmente aquellas que pueden jugar un rol importante en el futuro del niño. Eso ayuda a los padres a entender que ese diagnóstico solo representa un paso en un largo viaje. Recibir un diagnóstico es comúnmente útil, especialmente cuando ayuda a los padres a despejar incertidumbres y confusión sobre su hijo. La pregunta crucial no es cuál es la etiqueta del chico sino qué hacemos a partir de ahora".[8]

La escuela era el lugar donde Lucas tomaba contacto con la sociedad y necesitaba más ayuda; sin embargo, en

8   **PRIZANT, B. M.** (2016). *Op. cit.*

el tratamiento casi no había interacción con ella. Hablar de la escuela era hablar de otros dos equipos de trabajo diferentes. Por un lado, la escuela misma, con su directora, vicedirectora, maestra de grado y todos los maestros de materias especiales. Por otro lado, el centro de integración escolar, compuesto por una psicopedagoga, una supervisora y la integradora que acompañaba a Lucas en su jornada escolar.

En el tratamiento estaba estipulado que hubiera una sesión al mes para reunir al equipo terapéutico, el de integración escolar y los padres. Este era el espacio de diálogo donde los terapeutas podían dar herramientas a la integradora. Ella era quien más estaba con Lucas, también era quien podía transmitir estrategias a los maestros y al personal de la escuela.

Conseguir pautar un horario con toda esa gente se volvía muy complejo; en general asistía la psiquiatra y alguno de los terapeutas. Como la integradora estaba en la escuela la reemplazaba la directora del centro, que conocía la situación escolar a través de una observación bimestral en el aula e informes semanales de la integradora.

Para terminar de completar esta cadena interminable de interlocutores, había que agregar que el equipo de integración y el terapéutico tenían que comunicarse con la escuela. Coordinar las agendas de todas estas personas para generar un encuentro era una tarea casi imposible. Lograr que un terapeuta se juntara con la maestra del grado podía tomar medio año.

Al constatar esta realidad, empecé a buscar opciones para que de alguna manera se comunicaran. Se me ocurrió pedirle a uno de los terapeutas que escriba una guía con estrategias para la integradora y la escuela. Él me dijo que era muy complicado generalizar consejos porque dependían de cada situación particular. En contraposición a esta respuesta, leía a diario en Internet artículos en inglés claros y accesibles dedicados a maestros y personal de la escuela, e incluso dirigidos a los propios padres de niños con dificultades socioemocionales y conductuales. Estos artículos tenían consejos concretos para acompañar las crisis de los niños en el contexto escolar.

Cada día me involucraba más en todas las áreas del tratamiento. Leía libros, veía videos y seguía *blogs* de especialistas.

Iba a las reuniones mensuales con mucha expectativa: quería aprender de ellos, entender su trabajo, y sin embargo, salía de los encuentros sin tener claro lo que sabían sobre él ni qué objetivos estaban persiguiendo.

Terminar una reunión con la sensación de no haber entendido era algo que me pasó muchas veces y que siempre atribuí a mi ignorancia. Sin embargo, los libros que ahora leía afirmaban que, en muchos casos, si uno no entiende es porque no son claros, o porque a pesar de muchas palabras, sustancialmente no están diciendo nada.

Por primera vez usaba mi sentido común para llegar de una forma personal a juzgar qué tratamiento le estaba ofreciendo a mi hijo.

Me preguntaba: ¿Cuál es la finalidad de cada espacio? ¿Cuál es el costo/beneficio de cada una de estas intervenciones? ¿Con quién y haciendo qué pasa sus días? Identifiqué las conductas que no lo dejaban disfrutar. Descubrí que tenía formas de percibir la realidad que me preocupaban, pero había otras características de su personalidad que tenía que respetar. Lentamente, pude escuchar su voz con más fuerza, y entendí que estaba duplicando los problemas.

Lo llevaba a las terapias para disminuir sus conductas disruptivas, y forzándolo a aprender de esa manera solo las aumentaba.

Nuestras vidas habían estado al servicio del espacio terapéutico, y no este al servicio nuestro.

Si Lucas no podía recibir ayuda de esa forma estructurada, entonces tenía que cambiar la forma.

La inflexibilidad de la propuesta, la incomunicación con la escuela y la falta de escucha a la familia terminaron por convencerme de que, a pesar de los currículums deslumbrantes y la reputación del lugar, ese no era el tratamiento que necesitábamos.

La psiquiatra pudo ver mi proceso a lo largo de todos esos meses y no se sorprendió cuando le dije que lo abandonaba. La decisión implicó una enorme responsabilidad:

ante la mirada general, estaba dejando el mejor tratamiento al que Lucas podía acceder en el país; sin embargo escuché mi instinto, me conecté con lo que nos hacía bien
y confié en que íbamos a descubrir otro camino.

Vuelvo de la cocina y me siento en el sillón.

Apoyo el teléfono al lado mío mientras los miro jugar.
Hace días que puede llegar la llamada.

Guido está en el piso con los Legos que le regaló el papá.
Últimamente no quiere agarrar otra cosa. Cada tanto
mira a Lucas para preguntarle lo mismo de siempre.

Él sigue caminando en círculos, corre, salta, emite
sonidos, poseído por sus pensamientos.

"¿Jugamos a las escondidas? ¿A la mancha?
¿A las cartas?". Lucas ni siquiera lo mira.

Cuando termina de girar, se sienta y agarra unos Legos.
Juega solo, igual ya es un montón para él, no está
enojado, ni gritando, ni escondido detrás de un mueble.

Guido me pide que le pase unas piezas, como dándome
una ocupación que me distraiga.

Finalmente suena el teléfono. Ya estoy pensando
cómo se los voy a decir. Me preocupan los dos pero
sobre todo, Lucas. ¿Cuánto más se va a aislar?

Corto y veo que siguen en el mismo lugar.
Nada cambió y sin embargo ya todo es distinto.

Me siento en el piso: "Se acuerdan que les dije que
tal vez papá no se iba a curar". Guido me interrumpe:
¿Se murió?

Los ojos de Lucas se transforman en espejos, se levanta
y empieza a caminar en círculos de nuevo.

Recuerdo las tantas veces que lo forcé a salir
de ese estado y por primera vez quiero que se quede
en su mundo.

Abrazo a Guido mientras me pregunta:
"¿No lo voy a ver más? ¿Nunca más?".

Cuando termino de construir un avión con él,
se lo quiere mostrar a Lucas, pero sabe que no le va
a contestar, lo mira girar durante un rato hasta
que se sonríe. Se levanta rápido y le grita: "¡Lucas!".
Sabe que se va enojar, igual le sigue insistiendo
hasta que lo agarra de los brazos para que pare,
y lo mira a los ojos: "Ya sé. ¿Y si jugamos
a lo que estás pensando?".

Lucas lo mira desconcertado hasta que sonríe.
"Está bien, pero soy el protagonista. Te puedo dar el rol
de hermano y solo tenés el poder de detener el tiempo.
Yo me quedo con el de cambiar la realidad".

Llega a mi cama a despertarme y me dice que
me extrañó mucho durante la noche. Unos minutos
después me insiste en que le baje un juego en el teléfono,
el mismo que me pidió antes de dormirse. "A veces
las ideas se te pegan como un pulpo en la cabeza,
tenés que liberarte de ellas". Se ríe y deja de insistir.

Al rato le propongo cargar el mp3 con algunos
episodios de un podcast de ciencia. Mientras los escucha
quiere tener a la gata cerca. Habitualmente su amor
por la gata se vuelve tortuoso y la persigue por la casa
tratando de agarrarla. Primero se encierra en mi cuarto
y corre la cama para encontrarla, abro la puerta
para dejarla salir, se enoja y se va al comedor.
Intenta encerrarla de nuevo moviendo todos los muebles.
Harta del quilombo que está armando abro la puerta,
la gata se escapa y le digo: "Basta". Se enoja y grita.
"¡Puta! ¡Sos una idiota!", se va y pega un portazo
entrando a su cuarto.

Me siento en el sillón, pongo la mano en mi pecho
y respiro, reconociendo en mi cuerpo y en mi mente
cuánto me duele que me insulte. A la vez me siento
orgullosa de haberlo tolerado sin reaccionar.

Hace unos meses hubiera respondido con más gritos
o con una cachetada. El "¡Puta!", que ahora se lo había
llevado el viento en cuanto lo dijo, se hubiera convertido
en un drama de horas.

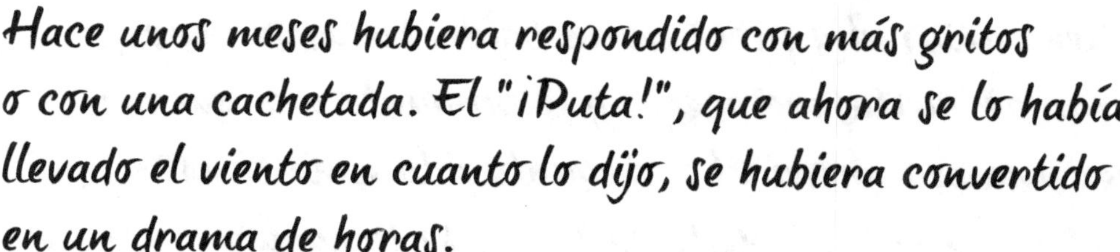

Lucas camina por la playa hablando en voz alta,
me acerco a ponerle protector y se irrita:
"Dejame tranquilo". Le contesto que siga pensando.
"Mamá, no voy a poner 'play' a mis pensamientos
hasta que no me dejes en paz".

Más tarde sale a buscar cangrejos. Al minuto de llegar
a las rocas empieza a frustrarse. Trato de calmarlo
diciéndole que tenga paciencia. Me contesta a los gritos,
vuelve a frustrarse, se pone triste y empieza a llorar.

Veo a otro nene y le pregunto hace cuánto tiempo
que está buscando, nos responde que más de una hora.
Lucas grita: "¡Cangrejo de mierda, ¿dónde estás?!"
"¡Qué mala suerte tengo en la vida!".

Espero en silencio y cada tanto le digo alguna frase
positiva. Me responde: "¡Cortala con el mindful
de mierda!". Finalmente no encuentra ninguno
y se larga a llorar. Caminamos hasta unas rocas
que están cerca y cuando llegamos ve a una chica

que tiene una red y peces en un balde. Lucas se pone
a llorar de vuelta, me acerco y le pregunto qué quiere:
"Tener una red ahora". Le pregunto a la nena si nos
la presta y acepta: "¿Viste, Lu? ¿No se te había
ocurrido esa solución?". Deja de llorar: "Sí, la pensé,
pero imaginé que me iba a contestar que no".

Diagnóstico

Mil enfermos
requieren mil curas.

OVIDIO

"¿Qué tiene Lucas?", todos me preguntaban lo mismo. Al igual que ellos, terminé creyendo que si lo sabían, iban a poder curarlo. Pensaba que el diagnóstico era un resultado inequívoco, como el de la varicela o el sarampión, y tendría un tratamiento específico.

Al principio, los profesionales nos dijeron que era muy pronto para saber, debíamos esperar. Pasaron cinco años hasta que llegó el tan ansiado diagnóstico. El día que me lo dieron me sentí aliviada de que al fin hubieran encontrado una explicación a los problemas de mi hijo. Sin embargo, desconocía todos los términos que me habían mencionado.

Empecé por investigar el significado de *"trastorno semántico pragmático"*. A partir de ese momento, leí artículos y libros sobre neurociencia, trastornos emocionales, autismo y educación. Descubrí que hay visiones diferentes dentro de la medicina, incluso sobre conceptos que creía incuestionables. Cuanto más aprendía, resultaba evidente la necesidad de definir con qué ideas me sentía identificada.

Para desarrollar una mirada propia, analicé términos tan básicos como normalidad o enfermedad.

Nunca me había preguntado cómo se diagnostica el trastorno del espectro autista o el déficit de atención. No hay parámetros biológicos, se llega a través de cuestionarios que recopilan información sobre comportamientos. La suma de estos lleva a encuadrar a un individuo dentro de los diagnósticos existentes. Estos se encuentran en el *Manual diagnóstico y estadístico de los trastornos mentales* (DSM, por sus siglas en inglés) y es elaborado por la Asociación de Psiquiatría de los Estados Unidos. Actualmente se utiliza la quinta versión, que fue actualizada en el año 2013. Este manual se va modificando a medida que la medicina avanza.

Las denominaciones diagnósticas nacen, evolucionan y a veces desaparecen. Los profesionales utilizan los criterios vigentes; sin embargo, cuando me dijeron que Lucas tenía trastorno semántico pragmático, este ya no lo era: en su lugar se había incorporado un nuevo diagnóstico llamado *trastorno de comunicación social pragmático*.

En la última versión del DSM también se eliminaron los diagnósticos de síndrome de Asperger, trastorno general del desarrollo no especificado, trastorno de Rett y trastorno desintegrativo de la niñez, para agruparlos todos en el término *trastorno del espectro autista*.

Otra modificación es que los niños con habilidades sociales limitadas, sin conductas repetitivas, deberán ser diagnosticados con TCS (trastorno de comunicación social).

Estos cambios parecen de carácter formal pero tienen impacto práctico para las familias. Los planes de salud cubren el costo de terapias asociadas al nombre del diagnóstico, y cuando este cambia, la persona sigue necesitando ciertos apoyos a los que deja de tener acceso.

Un niño con problemas de interacción social, de comunicación y con conductas repetitivas también puede tener pensamientos negativos intensos (rasgos depresivos), dificultad para quedarse quieto (hiperactividad) y preocupaciones desproporcionadas (ansiedad). Eventualmente, con todos estos síntomas podría ser diagnosticado con trastorno del espectro autista, depresión, déficit de atención y trastorno de ansiedad. A la presencia de múltiples diagnósticos en la misma persona se la denomina *comorbilidad*.

Muchos de estos trastornos tienen criterios que se superponen, y el profesional otorga el diagnóstico que más se ajusta a las características del niño.

Hay un difícil equilibrio que tienen que considerar los médicos para no sobrediagnosticar muchos desórdenes, y a la vez reconocer cuándo hay una real comorbilidad. Diversas investigaciones demostraron que las personas diagnosticadas con trastorno del espectro autista tienen un mayor riesgo de poseer comorbilidad con el trastorno de ansiedad, el déficit de atención y la depresión.[9]

El proceso diagnóstico está siempre influenciado por la subjetividad del médico. Usualmente, los profesionales observan al niño de forma directa por un tiempo muy corto. El conocimiento de sus conductas en otros ámbitos de su vida está dado por los padres. A su vez, su relato también es subjetivo, cargado de angustias y esperanzas. Por todo esto es común que distintos profesionales asignen diagnósticos diferentes al mismo niño.

Una vez que comprendí el mecanismo del proceso diagnóstico, quise seguir profundizando para entender a qué se denominaba *trastorno*. Según la cultura y el momento histórico, hay una línea imaginaria que divide lo sano de lo enfermo. Esta línea define el lugar donde algo nos impide funcionar en la vida. Esta frontera es completamente arbitraria, no todos los seres humanos somos iguales ni vivimos bajo las mismas condiciones.

Para entender esta idea,[10] el médico Richard Davidson da como ejemplo la evaluación del colesterol: la frontera con lo patológico es el momento en el cual el nivel pasa a un grado donde las posibilidades de desarrollar una enfermedad se vuelven muy altas. Este punto va cambiando en función de los parámetros por los que se guía la medicina, y el hecho es que el nivel de colesterol que hoy se considera saludable no es igual a los valores sugeridos hace veinte años.

---

9   **DAWSON, G., MC PARTLAND, J. C. y OZONOFF, S.** (2014). *A Parent's Guide to Asperger Syndrome and High-Functioning Autism, First Edition: How to Meet the Challenges and Help Your Child Thrive*. Nueva York: Guilford Publications.

10   **DAVIDSON, R. y BEGLEY, S.** (2013). *El perfil emocional de tu cerebro. Claves para modificar nuestras reacciones y mejorar nuestras vidas*. Barcelona: Ediciones Destino.

En el ámbito de la psiquiatría, el diagnóstico también responde a esta línea arbitraria, donde un punto determinado separa lo sano de lo enfermo, lo normal de lo anormal.

Con la suma de un listado de comportamientos se adquiere un diagnóstico. Este sistema hace que muchas personas que tienen una manifestación leve de alguno de estos comportamientos cumplan con los criterios para ser diagnosticadas, cruzando la frontera hacia lo patológico y quedando etiquetadas en diagnósticos que muchas veces se convierten en sentencias sociales.

Otras personas experimentan problemas intensos en algún aspecto, pero no poseen todos los requisitos para ser catalogadas dentro de un diagnóstico específico, quedando desprovistas de ayudas para superar sus dificultades.

Médicos como Davidson insisten en que se modifique el manual diagnóstico, porque consideran arbitrario y limitado reducir a unos trescientos diagnósticos la forma en que puede funcionar nuestro cerebro. Él propone una teoría basada en la neurociencia, donde cada persona posee seis dimensiones emocionales. Cada dimensión es un espectro continuo que va del extremo positivo al negativo.

La combinación de los seis puntos específicos en la que nos encontramos en cada dimensión determinaría nuestro perfil emocional, tan único como nuestras huellas digitales. Con este método se podrían desarrollar las habilidades socioemocionales que necesita esa persona, en vez de caer en los diagnósticos tradicionales.

Las dimensiones son:

→ **Resiliencia:** cuán rápido nos recuperamos de la adversidad.

→ **Perspectiva:** cuánto tiempo podemos sostener emociones positivas.

→ **Intuición social:** cuánta facilidad tenemos para percibir las señales sociales de las personas que nos rodean.

→ **Autoconocimiento:** cuán capaces somos de reconocer las señales corporales que reflejan nuestras emociones.

→ **Sensibilidad al contexto:** cuán capaces somos de regular las respuestas emocionales en relación con el contexto.

→ **Atención:** cuán precisa y clara es nuestra capacidad de enfocarnos.

El psiquiatra Ross Greene dice: *"Un niño no necesita un diagnóstico para tener un problema, solo necesita un problema"*. Y asegura que la mayoría de los diagnósticos no da ninguna información sobre las habilidades cognitivas que le faltan a la persona. El diagnóstico 'trastorno bipolar' no proporciona información sobre las habilidades específicas que el niño no tiene. Tampoco sucede si se trata de déficit de atención o trastorno de oposición desafiante.

Del diagnóstico tampoco se desprende por sí solo un tratamiento particular. La elección de cómo ayudar al niño es personal, y debería ser elaborada en profundidad con la familia.

Él propone comenzar por preguntarse cuáles son las situaciones, en la casa o en la escuela, en las que el niño tiene problemas:

→ Hacer cosas en un orden prescrito o lógico.

→ Persistir en tareas complicadas o tediosas.

→ Tener noción del tiempo.

→ Mantener la atención.

→ Considerar distintos resultados
o consecuencias de sus actos,
por lo cual se muestran impulsivos.

→ Considerar varias soluciones de un problema.

→ Expresar con palabras sus preocupaciones,
necesidades o pensamientos.

→ Entender lo que se dice.

→ Tener la capacidad de resolver problemas
y tolerar la frustración,
lo que les genera ansiedad e irritabilidad.

→ Ver los grises. Son concretos, literales,
tienen un pensamiento blanco/negro.

→ Manejar la imprevisibilidad, la ambigüedad,
lo incierto y la novedad.

→ Pedir atención de una manera adaptada.

→ Apreciar cómo el comportamiento propio
afecta a los demás.

→ Empatizar con los demás, apreciando
la perspectiva del otro o su punto de vista.

→ Diferencias motoras o sensoriales.

Hace un tiempo, la enseñanza de habilidades socioemocionales era desconocida. En la actualidad, está principalmente reservada a niños con trastornos, sin embargo lo ideal sería que todos cultiven estas habilidades.

La suma de estas habilidades es llamada *inteligencia socioemocional*, y cualquier adulto sale igual de beneficiado cuando las cultiva.

La ciencia ya demostró que, más allá de la genética inicial, se crean nuevas redes neuronales a partir de las experiencias de vida. El término 'neuroplasticidad' define esta capacidad del cerebro de modificarse.

Durante mucho tiempo, la preocupación social se basó únicamente en desarrollar la inteligencia académica (IQ). Ahora entendemos que la inteligencia emocional es tan o más importante, porque determina la forma en que experimentamos la vida. Finalmente, encontré una manera más constructiva de responder a *"¿Tiene diagnóstico?"* que no fuera sí o no. Ahora contesto adaptando mi respuesta a la situación y dando una descripción de las habilidades que le están faltando en ese momento: *"Lucas tiene dificultades emocionales; por ejemplo, ahora le cuesta esperar y tolerar la frustración"*.

Progresivamente pude borrar esta línea imaginaria que crean los diagnósticos. Dejé de pensar que yo era la sana y él, el enfermo. Los dos estábamos en algún punto del espectro.

Lucas va detrás de Guido para jugar en la terraza;
en la mano tiene un almohadón del sillón,
le pido que lo deje en su lugar. Sin girar, lo tira
por arriba de su cabeza hacia atrás y se da vuelta
para mirar mi reacción.

Miro el almohadón caer en el piso.
Con toda tranquilidad y sin ningún reto,
me inclino para levantarlo.

Lucas me ve iniciar el gesto y corre para llegar antes
que yo a levantarlo. "Perdón, perdón. Yo lo agarro".

Lo miro conmovida por ese cambio de actitud,
él también está sorprendido de la mía.
En otro momento le hubiera exigido que lo levante
y él nunca lo habría hecho.

Le digo que estoy orgullosa de él y que lo admiro.
Nos damos un abrazo: "Vas a ser una muy buena
profesora de yoga".

Discuten por un juego de cartas. Lucas intenta
flexibilizarse pero llega un momento en que
la frustración lo supera y se desborda.
Finalmente le pega al hermano, quien también está
teniendo dificultades para controlarse, y le devuelve
el golpe. Lucas le pega más fuerte.
Cuando me acerco a parar la situación dice:
"Ahora vas a venir a retarme porque yo soy siempre
el que hace todo mal".

Sin contestarle, me concentro en que Guido tome
responsabilidad, no tiene que reaccionar así,
más allá de lo que hizo el hermano.

Le hablo con tranquilidad. Lucas escucha hasta que
se enoja de nuevo y se va diciendo que está harto.
A pesar de que le hablaba a Guido, él era consciente
de que lo que decía aplicaba también para él.

Luego de unos minutos voy a verlo y lo encuentro
acostado en el sillón, le pregunto si quiere volver
a jugar y a tomar un jugo. "Andá, no merezco
ser tu hijo, soy malo". Le digo que no, que todos
tenemos derecho a equivocarnos. Me abraza
y vuelve con nosotros.

Más tarde, después de una de las tantas veces
que se pelearon y pegaron en el día de hoy,
hablo con Guido. "¿Vos te acordás de lo que yo hacía
en estas situaciones hace un año?". Me mira.

"Sí, hubieras puesto a Lucas en penitencia,
nos hubieras gritado y te hubieras puesto a llorar".
Le digo: "Estoy haciendo un gran esfuerzo para cambiar".
Me interrumpe: "¡Ya mejoraste mucho, mamá!".

xxx

"Mamá, ¿viste cuando se abren las ventanas solas?
Yo pienso que es un espíritu". Le contesto que
es el viento que las abre porque tenemos ventanas
de madera que no cierran bien. "Ya sé, mamá, es una
forma espiritual de pensar. Imagino que es papá
que las abre para venir a ver cómo estoy".

Mientras me lavo los dientes, varios pensamientos
que me preocupan pasan por mi mente.
Cuando vuelvo a mi cuarto veo a Lucas enfrente
de mi computadora. Me llena de frustración porque
me doy cuenta de que me olvidé de esconderla.
Cuando no escondo los dispositivos, él los agarra
a toda hora.

Me acerco muy enojada, cierro la computadora
con toda mi fuerza. Tanta, que me duele la mano.
Lucas sale corriendo a su cuarto, asustado.

Un segundo después, veo que mi malestar previo,
a causa de los pensamientos, había hecho subir

mi termómetro interno y me quitó la flexibilidad para
encontrar una solución. Observo cuán violenta fui.
Mi mano me quedó dolorida del golpe que le di
a la compu. Me siento totalmente culpable.

Voy al cuarto de Lucas y lo encuentro escondido
en su placard. Le digo que desearía volver el tiempo
atrás y evitar lo que hice. Que no puedo creer haber
perdido el control así. Le pido perdón.

Abre la puerta y me dice: "Mamá, no tenés que
sentirte así. Lo pasado pisado. Y todo lo que nos da
la vida es para aprender algo. Ya pasó".

Aunque escuchar sus palabras me hace sonreír,
no puedo dejar de sentirme culpable.

Imagino cómo se siente él cada vez que pierde
el control y lo difícil que es superar la culpa.
Desde que, en vez de retarlo por las cosas que hace
le ofrezco apoyo, él empezó a expresar lo que siente,
y pude ver cuán agresivo era hacia sí mismo.

Trato de ayudarlo con las ideas que aprendí
en mindful. Se trata de imaginar que vos sos
tu mejor amigo. Y cuando empezás a tratarte mal
y culpabilizarte, podés imaginar qué le dirías
a un amigo para reconfortarlo.
De esa forma, te surgen palabras de aliento
y apoyo en vez de reproches.

CAPÍTULO 4

Mindfulness

Hay dos partes en cualquiera
de nuestras experiencias...
Una es la experiencia en sí misma,
y la otra es nuestra
relación mental con esa experiencia.

DR. JON KABAT-ZINN

l regresar de mi corta estadía en el exterior me encontraba sumergida en una profunda crisis. Fui pensando que era para toda la vida, y cinco meses más tarde estaba aterrizando en Ezeiza con mis dos hijos y cuatro valijas.

Al llegar, decidí suspender mis proyectos profesionales para ocuparme a tiempo completo de Lucas. Ya habíamos vivido situaciones peligrosas, como que se escapara en la calle, se encerrara con llave en un cuarto o amenazara a alguien con un cuchillo. Estas conductas hacían muy difícil dejarlo a cargo de cualquier otro adulto que no fuera yo.

Estaba enojado desde que se despertaba hasta que se dormía. Cada actividad de la vida cotidiana era difícil de concretar, desde lavarse los dientes hasta sentarse a comer. Siempre respondía de mala forma, me pedía todo a los gritos, me insultaba cuando algo no le gustaba y le pegaba al hermano o a mí cuando algo lo irritaba.

Me sentía agotada y sin saber en qué dirección avanzar. Hasta ese momento había tratado de controlar las situaciones de desobediencia y agresión con autoridad, penitencias y retos, pero no funcionaba. El resultado era que terminaba gritando tanto como él.

Cuando me pegaba, desbordada por la impotencia frente a sus conductas, perdía el control, lo agarraba de una oreja, lo arrastraba hasta su cuarto y lo amenazaba con pegarle. A pesar de lo incoherente que suena al escribirlo, usaba la violencia para enseñarle que en ninguna circunstancia debía usarla él.

Pasábamos la mayor parte del día sumergidos en una batalla campal. En los pocos momentos de calma que teníamos me torturaba con pensamientos de culpa o de resentimiento.

Era muy difícil tener deseos de estar con él, compartir un día entero a su lado era extenuante.

Mi familia me insistía en que saliera a pasear o hiciera algo por mí, mientras ellos lo cuidaban un rato. Esas actividades me hacían bien y me cambiaban el humor por unas horas, pero más tarde todo volvía a estar como antes.

Necesitaba algo más que escaparme un rato de mis problemas, tenía que atravesar internamente la tormenta y encontrar una forma de transformarla dentro mío. Ver con otra perspectiva lo que me sucedía para reconciliarme con mi hijo y disfrutar de tenerlo en mi vida.

No todas las personas reaccionan igual frente a las situaciones difíciles, algunas enfrentan las crisis con mayor calma que otras. Al observar la reacción de los terapeutas ante los ataques de Lucas, veía que había maneras más eficientes de responder a su conducta. A veces iba hasta el extremo de imaginar de qué forma hubiera reaccionado un monje budista frente a una de sus crisis. Sin duda, él no habría entrado en el estado de descontrol o depresión en el que yo me hundía.

Llegué a la conclusión de que si otras personas tenían un mayor grado de calma, tolerancia y flexibilidad, yo también podía desarrollar esas habilidades.

Jessica Minahan, especialista en tratamientos orientados a mejorar los problemas de conducta de niños en el espacio escolar, escribió una frase que me resultó reveladora: *"El único comportamiento del que somos responsables es el propio"*.[11]

Al reflexionar sobre esta idea, dejé de poner la expectativa en Lucas para enfocarme en mi propia transformación. No fue nada fácil. Implicó un trabajo personal intenso a través del cual tuve que cambiar modos automáticos de relacionarme con mis hijos, y dejar de ver a Lucas como "el problema" para pasar a mirar mis propias dificultades.

---

11   MINAHAN, J. y RAPPAPORT, N. (2012). *The Behavior Code: A Practical Guide to Understanding and Teaching the Most Challenging Students*. Harvard: Harvard Education Press.

Aprender lo que hasta ese momento esperaba que Lucas pudiera hacer y yo misma no estaba haciendo.

Cuando asumí mi parte de responsabilidad en la relación, la impotencia que había sentido hasta entonces se convirtió en energía para trabajar.

Descubrí el *mindfulness* antes de volver de Nueva York con el video "Solo respirá". La institución que lo realizó tiene como misión incorporar la práctica del *mindfulness* a la educación a través de programas de capacitación para maestros y padres. Decidí probar si esto podía ayudar a Lucas.

El primer paso para enseñar *mindfulness* a niños es implementarlo en la propia vida, así que me anoté en el primero de sus cursos, dedicado a cultivarlo en los adultos que educan a niños.

Tenía la esperanza de que el curso me ayudara, aunque fuera en una pequeña medida, a mejorar nuestra cotidianidad. Había leído que entre sus beneficios se encontraba una mayor regulación emocional, pero era bastante escéptica sobre cómo "solo respirando" podía cambiar el comportamiento agresivo de Lucas. De todas maneras no tenía nada que perder con intentarlo.

El siguiente paso fue interiorizarme sobre qué era *mindfulness*.

"Prestar atención de manera intencional al momento presente, sin juzgar". Esta es la definición de Jon Kabat-Zinn, quien introdujo esta práctica, originalmente budista, den-

tro del modelo médico de Occidente hace más de treinta años. Zinn desarrolló un programa en el Centro Médico de la Universidad de Massachusetts, con el cual se trataban problemas físicos y psicológicos, dolor crónico y otros síntomas asociados al estrés.[12]

Mindfulness se divide en dos partes: la práctica formal, que se compone de diferentes tipos de meditaciones, y la práctica informal, que intenta aplicar esta conciencia de estar presente en cada tarea de nuestra vida cotidiana.

No había palabra más lejana en mi vocabulario que *meditación*. Me parecía completamente ajena a mi naturaleza; después de tantos años de perseguir la productividad, hasta me resultaba un poco inútil. Siempre tuve como objetivo el modelo de madre eficiente que hace muchas tareas simultáneamente, y me sentía orgullosa de hacer todas las actividades de la maternidad mientras pensaba en otras mil cosas laborales.

La primera meditación formal que aprendí consistía en sentarse, cerrar los ojos y dirigir la atención a la respiración, "sentir el aire que entra y sale por la nariz". Cada vez que los pensamientos aparecen en la mente, sin culparse ni juzgarse, hay que volver a traer la atención hacia la respiración.

---

12 https://www.umassmed.edu/cfm/about-us/people/2-meet-our-faculty/kabat-zinn-profile/.

Obviamente, en el instante en que empezaba a meditar, mi mente ya estaba pensando en lo que había hecho hasta ese momento o en lo que tenía que hacer después, y me juzgaba por no concentrarme. Tomé conciencia de lo difícil que era disciplinar la mente, dirigir la atención de una forma premeditada. Observé los pensamientos que se cruzan sin control y sin pausa; toda clase de ideas, imágenes, recuerdos y fantasías que habitan en nosotros.

A través de la práctica, es posible registrar los procesos físicos y mentales que, en general, suceden en un plano inconsciente. Intenté meditar todos los días diez minutos y por más que veía que gastaba varias veces esa cantidad de tiempo en las redes sociales, no lograba encontrar el momento de sentarme a respirar.

Finalmente, abandoné. Una de las excusas que encontré fue no verle la verdadera necesidad a la meditación formal. Creía poder aplicar la práctica del *mindfulness* directamente en mi cotidianidad.

Me tomó un tiempo entender que, de la misma manera que en el baile hay que ejercitar una y otra vez cada movimiento para que el cuerpo lo convierta en parte de su naturaleza, la meditación formal es el entrenamiento de la atención para que la habilidad esté incorporada y disponible cuando la necesitamos.

Mi dificultad para sostener esta simple práctica me conectó con la frustración que le producían a Lucas las tareas cotidianas. La percepción del tiempo cambia según lo que estamos haciendo. Intentar meditar me volvió más empática a sus necesidades. Solo por esa razón hubiera sido valiosa la experiencia, pero muchas otras cosas empezaron a cambiar.

La práctica del *mindfulness* en la vida cotidiana se resume en una frase: *"Si podemos sumar un segundo de distancia entre el estímulo y la respuesta, ganamos la libertad de elegir".*

Cuando reaccionamos de manera inmediata a los acontecimientos, nuestra mente no tiene tiempo de evaluar si la opción que elegimos es la mejor o no. Nos manejamos por impulsos. Y lo más usual es que la primera reacción esté lejos de ser la mejor.

Por primera vez pude cuestionar una supuesta verdad que guiaba mis razonamientos: *"Lucas puede elegir cómo comportarse".*

Al analizar mi conducta, vi que era más inconsciente y automática de lo que hubiera imaginado. Constaté que la mayor parte del tiempo padecía, en vez de elegir mis reacciones. Cambiar esto requería de un proceso activo y paulatino.

La práctica consistía en observarme de una forma consciente durante las crisis. Darme el tiempo de esperar y pensar. No tenía la necesidad de decir, actuar y responder inmediatamente. Dejé de embarcarme en las mismas emociones, reacciones y tonos de voz que recibía de él. Empecé a ser testigo de mi conducta.

Fue el momento más duro del proceso, porque ya no era la misma. Había descubierto una forma distinta de actuar, pero cada vez que tomaba conciencia, era tarde. Había vuelto a decir o hacer lo mismo de siempre, sintiéndome avergonzada y culpable.

Comprendí que el proceso iba a requerir autocompasión. Aunque me sentía peor que antes, estaba avanzando.

Lentamente puse en práctica las nuevas ideas, primero en situaciones no muy complejas, y luego también en las más intensas.

Para convertir estos hábitos en un nuevo idioma, practicaba *mindfulness* en los momentos calmos, generando una memoria que permitía acceder a estas herramientas en el momento que las necesitaba.

Por primera vez experimenté el significado de prestar atención al momento presente. Entendí que se trataba de estar con toda mi conciencia en la tarea que ejecutaba. Tan simple y difícil como eso.

Observé que, cotidianamente, me desperezaba pensando en qué íbamos a desayunar. Desayunaba pensando en poner los útiles en la mochila. Ponía los útiles recordando las compras que iba a hacer, y mientras caminábamos hacia la escuela recordaba cómo había sido la mañana.

Nunca estaba ahí. Mi mente y mi cuerpo no estaban en el mismo lugar.

Descubrí que cuando no pensaba en la crisis que acababa de terminar, mi mente ya se adelantaba a proyectar cómo sería la que todavía no había sucedido. Me encontraba la mayor parte del tiempo ausente, en el resentimiento del pasado o temiendo la angustia del futuro.

Generaba relatos en mi mente, como si le contara a otra persona lo que me ocurría. Este relato era una construcción subjetiva que disparaba emociones. Dependiendo de lo que yo me dijera a mí misma, podía aumentar o disminuir el grado en que las experimentaba.

Si mi relato hacía aparecer el enojo, este se trasladaba a mi cuerpo, alterando mis pulsaciones, mi respiración y otras funciones corporales.

La práctica del *mindfulness* permite generar distancia con la experiencia para poder observarla y dejar pasar las sensaciones sin reaccionar.

Me propuse no sumar sufrimiento mental innecesario, vivir cada momento agradable que tenía en el día. Prestar atención a los momentos simples que me había olvidado de apreciar.

Mis objetivos se transformaron. Pasé de querer cambiar a mi hijo a poder aceptarlo, de detestar mi vida a valorar lo que había de positivo en ella.

Esta transformación me devolvió la energía vital que había perdido.

Continué estudiando con otros cursos referidos a temas específicos. Uno, dirigido a transitar las emociones difíciles; otro, a la comunicación no violenta; y el último, dedicado a la currícula para enseñar *mindfulness* en las escuelas.

Ese proceso de aprendizaje fue la manera más auténtica de acercarme a las frustraciones y dificultades de Lucas. El acto de aprender siempre nos expone a un proceso similar.

Esta práctica me dio un sostén vital y entendí el impacto que tenía mi propia conducta en la vida de mis hijos. Era más poderoso lo que observaran en mí que lo que pudiera decirles.

Continuamente tiene pequeñas situaciones donde
se desregula y me grita pidiéndome la compu, o molesta
a su hermano, pero él solo se reprime diciendo:
"Soy un tonto, soy muy malo". Después se da pequeñas
cachetadas en la cara. A veces me pide los jueguitos
sabiendo que ya pasó su tiempo, y a la vez dice:
"Soy un tarado adicto, ¿no? Nunca estoy conforme
con lo que tengo". En todas estas situaciones lo hago
sentirse bien. Le digo que no sea tan duro con él y valoro
su conciencia de la situación. Aunque todavía no cambió
sus conductas, reconocerlas cuando suceden es un gran
avance. La culpa y autoexigencia pueden jugarnos
en contra. En mindful recuerdan: "En el momento
en que te das cuenta de que no estás presente,
volvés a estarlo".

Le estoy leyendo un libro sobre mitos.
Después de un rato hago silencio para ver si todavía
me presta atención y lo encuentro con la mirada perdida.
Sigo leyendo un poco más y me interrumpe.
"Esperá, dejá de leer, necesito pensar algo". Se para
y camina en círculos durante cinco minutos.

Se vuelve a sentar: "Ya podés seguir".
Le pregunto qué pensó. "Es la historia de la lucha

de Dios por salvar al mundo, mamá". Le pregunto
si imaginó una película. "No, no. Lo que hice
recién es el tráiler".

Hace tres días le propuse a Lucas cargar en su mp3
el audiolibro de "La guerra de las galaxias".
Lo estuvo escuchando durante un par de horas
hasta que empezó a contarme su propia historia:
"La guerra de las galaxias versión Lucas".
Le dije que podíamos escribirla e inmediatamente
trajo un cuaderno y me empezó a dictar.

Al rato teníamos que hacer una pausa para buscar
a su hermano, y se puso ansioso por miedo a olvidarse
de sus ideas. Se me ocurrió que las grabara en el teléfono
hasta que pudiéramos escribirlas.

Desde entonces no para de caminar en círculos grabando
audios. Hoy a la noche llegó al capítulo cuarenta.

Cuando se fue a la cama me dio el cuaderno, un lápiz
y me pidió que me siente al lado de él.
Lo miré y me empecé a reír. "Vos no pretenderás que yo
escriba los cuarenta capítulos que grabaste".
Me contestó: "¡No! No son cuarenta, Ya llegué
al cincuenta y cuatro".

Conociendo a Lucas

La más elevada de las artes
consiste en alterar la calidad del día.

HENRY DAVID THOREAU

Para aceptar a Lucas tenía que dejar de pretender que fuera otra persona. Soltar al hijo que había imaginado y abrazar al que tenía.

El primer paso era conocerlo y disfrutar lo que tenía de especial. Cambiar en mí lo necesario para construir un nuevo vínculo.

Descubrir sus intereses, percibir los cambios de sus estados emocionales y descifrar el origen de sus comportamientos eran la base de cualquier tratamiento. En vez de apresurarme a buscar más terapias y especialistas debía dedicarle el tiempo necesario a estas tareas.

También reflexionaba sobre cada situación que vivíamos, para definir la habilidad emocional faltante y buscar material sobre ella. Al estudiar, entendí que las situaciones de enojo, olvidos e insultos de cada día no eran intencionales. Lucas no lo hacía a propósito, no era una cuestión de manipulación ni de falta de respeto. Dejé de juzgar sus conductas desde la perspectiva de "malas" o "buenas". Me dediqué a observarlo.

Vivir mi cotidianidad desprendida del juicio que le había puesto a los acontecimientos hasta ese momento me llenó de energía. Aunque todavía era difícil sobrellevar ciertas situaciones, los nuevos conocimientos me dieron la paciencia que necesitaba para estar a su lado.

A continuación, comparto mis observaciones. En el Apéndice del capítulo se encuentra más información sobre cada uno de estos temas.

Funciones ejecutivas

La neuropsicóloga Muriel Lezak creó el término *funciones ejecutivas* en 1982. Las definió como *"el conjunto de actividades cognitivas que favorecen llevar a cabo un plan coherente dirigido hacia el logro de una meta específica"*. Estas actividades cognitivas incluyen la inhibición de la respuesta, la flexibilidad cognitiva y la memoria de trabajo.

El déficit en las funciones ejecutivas está asociado a características de diferentes diagnósticos, como el autismo, pero también de muchos otros, como el déficit de atención o el trastorno bipolar.

Enseñar estas habilidades es complicado, porque generalmente uno las adquirió por imitación.

Un libro que me sirvió para incorporar estrategias concretas fue *Solving Executive Function Challenges*.[13] Entendí que hay formas explícitas y métodos de transmitir mecanismos de organización para ejecutar tareas.

Diariamente, miles de pequeñas situaciones me irritaban. Lucas no tenía la autonomía para realizar las acciones más simples de la vida cotidiana: vestirse, bañarse, poner su cuaderno en la mochila, traer algo que le pedía. Estaba convencida de que era por falta de voluntad y me enojaba, hablándole mal y retándolo a cada paso. Lo juzgaba de irrespetuoso o "maleducado".

Con la información que incorporé, entendí que no era a través de retos y gritos que iba a enseñarle, necesitaba otro tipo de ayuda, debía explicarle con detenimiento cosas que para otros niños podían ser naturales.

Distorsiones cognitivas

"Interpretaciones erróneas de la realidad que llevan al individuo a percibir el mundo de manera poco objetiva y disfuncional. Se presentan en forma de pensamientos automá-

13 KENWORTHY, L., ALEXANDER, K. C., GUTERMUTH ANTHONY, L., CANNON L. M, ADLER WERNER, M. y GREENMAN, L. (2014). *Solving Executive Function Challenges: Simple Ways to Get Kids with Autism Unstuck and on Target*. Baltimore: Paul H. Brookes Publishing Company.

ticos y desencadenan emociones negativas que dan lugar a conductas desadaptativas".

Al leer esta definición me sentí completamente aliviada. *"¡Esto es lo que le pasa!".* Las afirmaciones que emitía Lucas a diario lo llevaban a sentir emociones muy fuertes. Me preguntaba de dónde podía sacar esas creencias tan rígidas e irracionales; por ejemplo, pensar que recibir ayuda de alguien lo convertía en un tonto.

Empecé a prestar atención para descubrir la emoción detrás de cada comportamiento y el pensamiento detrás de cada emoción. Pude identificar con más claridad algunas de las interpretaciones que hacía de sus experiencias.

Cuando se le caía la tijera mientras recortaba un papel, decía: *"La vida está en mi contra".* Este pensamiento le generaba enojo que luego terminaba transformando en un comportamiento desajustado; por ejemplo, un grito.

Algunas frases que se repetían continuamente eran: *"Todos están en mi contra", "Nunca me sale nada bien", "Guido siempre quiere tener razón", "Tengo que ganar siempre".*

La terapia cognitivo-conductual los denomina *pensamientos automáticos o disrupciones cognitivas.* La finalidad de la terapia es identificar, cuestionar e ir reemplazando estas creencias de base, para luego modificar la significación que se le da a una situación, y así poder alterar la emoción que esta situación genera.

Una creencia de base de Lucas es que él debe saberlo todo. De este modo, cuando se equivoca en algo y lo quieren ayudar, piensa: *"Soy un tonto por no saber"*. Ese sería su pensamiento automático. Ese pensamiento lo lleva a la vergüenza, posteriormente al enojo, y termina expresando una conducta desajustada; por ejemplo, revolear el libro con el que está estudiando. Con trabajo y paciencia se pueden modificar las creencias de base por unas más realistas, así no se sentirá un tonto y podrá estar emocionalmente tranquilo para recibir ayuda y estudiar. En este caso, debería reemplazarla por la creencia: *"Todos tenemos que equivocarnos para poder aprender"*.[14]

Otra distorsión cognitiva es la tendencia a ver el lado negativo de las cosas, "sesgo negativo".

Juega en la computadora y se queda indefectiblemente insatisfecho con el tiempo que tiene disponible. Logra que lo dejen ser abanderado en el acto de la escuela y se enoja porque no lo aplauden como él quiere. Le compro figuritas y se queda de malhumor porque no le salen las que él había esperado.

Frente a estas situaciones le reprochaba que no valorara lo que tenía. Lo juzgaba diciendo que era un desagradecido y un inconformista. Tomaba de una manera per-

---

14   https://psicologiaymente.com/inteligencia/tipos-de-distorsiones-cognitivas.

sonal su comportamiento, y me sentía frustrada por no verlo contento. Al enfocarme en él y no en mí, vi que su atención agrandaba los aspectos negativos de cada situación. Esto no era una elección consciente. Mucha gente tiene, en diferentes grados, este rasgo de la personalidad. El problema de Lucas es la intensidad y frecuencia con la que experimenta estos pensamientos.

Lucas piensa que la única manera de resolver cada situación es con un perdedor y un ganador. Está convencido de que él siempre tiene que ganar en todo. Y si eso no ocurre reacciona agresivamente o se pone muy triste.

Desde que tenía tres años le explico que el objetivo de jugar es divertirse. Le digo una y otra vez que ganar no importa. Sin embargo, cada vez que se plantea un juego se pone tan obsesivo con ganar que se desregula completamente.

Durante un tiempo, intenté la técnica de enfrentarlo con la frustración de perder para que pudiera aceptarla, pero no funcionó, dejaba de jugar. Para lograr que volviera a interactuar con los demás, intenté la táctica de dejarlo ganar siempre, así podía tomar el gusto de jugar con otros.

Tampoco logré evitar que se enojara; si jugábamos con dados, no quería que le salga menos de seis en cada tirada. No solo tiene que ganar al final, sino que además no quiere que nada le salga mal durante el juego.

La manera en la que siempre busca ser vencedor lo lleva a generar todo tipo de formas, violentas y tramposas, si es necesario, para llegar a su objetivo. Esta obsesión con ganar no es solo en los juegos deportivos o de mesa, también se extiende a las actividades de la vida cotidiana y al plano de los pensamientos. Cuando alguien tiene una idea mejor que la suya, siente que el otro ganó y él perdió. Cuando se le cae una silla, siente que él tiene que ganarle a la silla. Entonces la levanta enfurecido por la rivalidad que generó en su mente con el objeto. Aunque es muy inteligente y reconoce que existen leyes de la física que hacen actuar a los objetos de una cierta manera, de todas formas se enfurece cuando las cosas no salen como él imagina. Por ejemplo, si está jugando con los *Playmobil* y uno se cae, grita enojado: *"¡Malditas leyes de la física!"*. Esta particularidad de Lucas es muy debilitante y le crea un gran número de situaciones disruptivas cotidianamente.

Trastornos del lenguaje

"Los trastornos del lenguaje son un tipo de trastorno de la comunicación. Afectan la manera en que las personas utilizan y procesan el lenguaje".

Durante mucho tiempo, la pregunta más recurrente que me hacían era: *"¿Habla?"*.

Lucas empezó el jardín de infantes a los tres años, sin decir una palabra; a los cuatro logró juntar dos: *"Yo agua"*, y a los cinco empezó a hablar fluidamente. A medida que avanzaba en la adquisición del lenguaje, observé que lo hacía de una forma particular. No solo tenía un retraso, sino que también era un desarrollo diferente. Muchas veces creaba palabras por asociación para denominar algo, y por más que se las corregía una y otra vez, seguía diciéndolas igual. *"Venta"* en vez de *"negocio"* o *"cáscara del pollo"* en vez de *"piel del pollo"*.

Aún hoy invierte expresiones o sílabas, y dice frases como: *"Tengo los punta de pelos"* o *"un copo"* en vez de *"un poco"*. Cuando nombra a un compañero de escuela que se llama Damián, le sale *"Diamán"*. Cuando quiere decir *"diálogo"* dice *"diágolo"*.

En ciertas ocasiones, tartamudea y repite muchas veces una palabra en medio de la frase hasta que logra seguir con la idea. Puede usar estructuras de discurso muy complejas y en el medio ubicar mal un pronombre o la conjugación de un verbo.

A pesar de la gran dificultad que tenía para adquirir el castellano, cuando nos mudamos a los Estados Unidos, en solo cinco meses aprendió a hablar inglés de una manera sorprendente, y al volver, a pesar de no estudiarlo formalmente, nunca lo perdió.

Otro aspecto del lenguaje que nos preocupaba era su capacidad de comprensión. A los tres años casi no respondía a su nombre. El neurólogo nos indicó estudios médicos para descartar problemas auditivos. Una vez que supimos que escuchaba perfectamente, pensamos que era una dificultad para conectarse con otras personas. Era difícil saber si estaba escuchando porque casi nunca miraba a los ojos. A medida que fue creciendo, su capacidad de responder siguió siendo errática, pero me sorprendí cuando empecé a constatar que, aunque no respondía, siempre estaba muy conectado con todo lo que ocurría a su alrededor.

Muchas veces lo vi abstraído en sus pensamientos mientras yo hablaba con alguien, y de repente se metía en la conversación demostrando que había escuchado todo atentamente (esto me hizo reflexionar sobre cuán negativo había sido subestimar su capacidad durante las conversaciones que tuve con terapeutas en su presencia).

Mientras le leía libros antes de dormir, su mirada se perdía en otra dirección o se paraba y empezaba a hacer cosas. Yo asumía que estaba completamente ajeno a todo lo que acababa de escuchar. Entonces interrumpía la lectura para decirle que no prestaba atención. Él me respondía con un resumen detallado de la historia o me contaba que estaba imaginando alguna escena de las que acababa de leer.

Lo retaba mil veces al día por no responder cuando le preguntaba cosas. Al tomar conciencia de la intensidad de sus pensamientos, comprendí que estaba tan abstraído en sus ideas que no lograba escuchar. Con el tiempo aprendí a esperar a que estuviera más receptivo antes de repetir la pregunta.

También observé que usaba el silencio como una manera de enunciar la negativa. Entonces me dediqué a entender por qué no estaba contestando. Y así, ayudarlo a poner palabras a sus estados emocionales. Por ejemplo: *"¿No me querés contestar porque estás cansado?"*. Entonces él contestaba: *"Sí"*.

Una frase del libro de Prizant me ayudó mucho a repensar este problema: *"No podemos no comunicarnos. Cada cosa que hacemos o decimos, y cada cosa que no hacemos o no decimos está comunicando algo"*.[15] Interpretar los silencios de mi hijo era una manera de conocer su forma de comunicarse. Una vez que acepté esta realidad pude, paulatinamente, ayudarlo a tener modos de comunicación más accesibles al resto de la sociedad.

Lucas se apasiona con temas de los que no puede sacar su atención. Estos intereses a veces duran un par de semanas y otras veces solo unos días. Los temas se suceden unos a otros. Pasamos del personaje de una nueva película a un jueguito electrónico. Le encanta hablar extensamente de los temas que lo apasionan, pero también paso por periodos donde no quiere conversar de

---

15   **PRIZANT, B. M.** *Op. cit.*

nada con nadie. Le cuesta mucho escuchar cosas en las que no está sinceramente interesado. Es muy raro para él hablar de temas cotidianos o banales. Una vez llamó la abuela para saludar a él y a su hermano. Guido agarró el teléfono y empezó a charlar. Respondía a preguntas sobre cómo le había ido en la escuela, qué iba a comer y si ya se había bañado. Cuando terminó, le pregunté a Lucas si quería hablar y me dijo: *"Es que no sé qué decirle"*.

Cuando se acerca a chicos que no conoce, veo en sus ojos y su actitud corporal que tiene ganas de comunicarse. Lo ayudo, casi como si le pasara un guion: *"Preguntale qué le gusta"* o *"Decile si tiene ganas de jugar con los Legos"*. Entonces lo hace y empieza a conversar.

Se queda sin palabras ante la emoción y no sabe de qué manera usar el lenguaje.

Cuando está muy contento, amoroso o nervioso se emociona e imita sonidos de animales.

Cuando lo escucho, intento traducirlo, diciendo: *"¿Querés decirle a tu amiga que te llamás Lucas y preguntarle cómo se llama?"*. Me contesta que sí y lo hace.

O le pregunto: *"¿Qué querés decir?"* e inmediatamente empieza a hablar normalmente: *"Quiero decir que me da vergüenza"*.

Un día vino a una entrevista una niñera. Lucas pasó un rato con ella y se conectó muy bien. Le explicó conceptos muy complicados, como que estudiaba inglés con un lápiz electrónico que responde a un libro que tiene un sensor programado para interactuar con el lápiz. Y en el momento en que tenía qué despedirse le dio un abrazo, se puso en cuatro patas y empezó a maullar. Durante mucho tiempo estos comportamientos me daban vergüenza y le pedía que se parara o que dejara de hacerlo. Ahora los acepto y en vez de coartar su expresión traduzco en palabras lo que él está sintiendo. Lucas me escucha atentamente y si me falta decir algo que él considera importante, se para y lo explica como si fuera un adulto.

Otro aspecto particular de su comunicación es que no lo intimida hablar en público. Ha improvisado pequeños discursos en actos de la escuela y ha hablado sobre escenarios en espectáculos. La mayoría de los chicos de su edad tiene vergüenza. Él puede sentirse muy intimidado hablándole a una persona de su edad pero se siente cómodo ante un público.

Tomé esta particularidad como una extrañeza graciosa, pero luego me di cuenta de que podía percibirla como una habilidad. A él le gusta exponer, ilustrar, contar a los demás. Al ponerse en este lugar su cuerpo cambia de actitud, se conecta y compromete con las personas que lo rodean. Reconocí este talento y sus posibilidades de utilizarlo como un medio para que aprenda contenidos escolares. Su inclinación a verse como el "maestro", su autoexigencia de saberlo todo, me parecía negativa. Sin embargo, en un curso de neurociencias descubrí que enseñar a otros es el modo más efectivo que hay de aprender. El psiquiatra William Glasser creó una pirámide del aprendizaje donde explica cuáles son las formas más eficientes: *"Aprendemos el treinta por ciento de lo que vemos, el cincuenta por ciento de lo que vemos y oímos, el setenta por ciento de lo que discutimos con otros, y el noventa por ciento de lo que enseñamos"*. Tomé conciencia de lo valioso que era capitalizar esto para su aprendizaje.

Impulsividad

"Forma particular de percibir el mundo donde predomina una predisposición para reaccionar de forma incontrolada y veloz, siendo la falla del juicio analítico su signo principal donde no se ponderan las consecuencias de los actos propios".

A Lucas le cuesta controlar los impulsos más básicos. Tiene tanta tolerancia como un bebé. Quiere todo "ya". En cuanto necesita algo me grita y tiene que ser resuelto inmediatamente. Por cualquier accidente su nivel de frustración sube de cero a cien en un segundo y actúa impulsivamente sin medir ninguna consecuencia.

Cuando tiene hambre, va a la heladera y agarra algo. Hay veces que estoy preparando la comida y solo tiene que aguantar un minuto para que nos sentemos a la mesa, pero no es capaz de tolerar esa espera. Intento que entienda que todos regulamos nuestros deseos y colaboramos para compartir ese momento, pero él grita que tiene derecho a comer y que no puede aguantar el hambre. Su nivel de reactividad es tan alto que, ante cualquier situación que considera un ataque, reacciona sin medir el grado de su respuesta ni contra quién está reaccionando. Llegó a hacer cosas agresivas, como pegarme con sus puños o amenazarme con un cuchillo.

Este enorme grado de impulsividad lo lleva a conductas disfuncionales cotidianamente. Para disminuir este problema hay que aumentar la distancia entre el estímulo y la reacción (*mindfulness*).

Intensidad emocional

"La complejidad intelectual va de la mano junto con una profundidad emocional. Del mismo modo que el pensamiento de los niños superdotados es más complejo y de mayor profundidad que el de otros niños, así lo son sus emociones en cuanto a complejidad e intensidad".

Nunca había reflexionado sobre los distintos grados de intensidad en que cada uno experimenta situaciones y emociones similares.

La intensidad emocional está ligada frecuentemente a niños talentosos y a diferentes trastornos psiquiátricos.

Lucas siente todo intensamente, la emoción lo desborda. Ve un video sobre ayuda humanitaria y llora angustiado. Es testigo de una injusticia y la quiere vengar. Está feliz y me abraza diciendo que me ama demasiado. Cuando se acuerda de cosas que pasaron hace meses, vuelve a sentir la emoción con la misma fuerza que la sintió en ese momento y se vuelve a enojar como lo había hecho aquel día.

Sus conductas son acordes a esa intensidad donde sobredimensiona cada pequeña situación cotidiana. A esto se suma que la mayor parte de las veces también malinterpreta lo que está ocurriendo y eso lo lleva a emociones negativas intensas.

Memoria

"La memoria toma varias formas diferentes. Sabemos que cuando guardamos una memoria, estamos almacenando cierta información. Aunque, en sí, qué es esa información y cuánto tiempo la retenemos determina qué tipo de memoria es. Las categorías más grandes de memoria son la memoria a corto plazo y la memoria a largo plazo".

Lucas tiene excelente memoria para acordarse de ciertas cosas, y terrible para otras. En lenguaje popular: *"¡Mirá qué vivo, se acuerda de lo que le conviene!"*. Pensaba: *"Si se acuerda de tal cosa, no puede ser que se olvide de lo que le dije hace dos minutos"*. Creía que Lucas controlaba y manipulaba situaciones de las que no tenía ninguna conciencia.

La teoría de que Lucas me estaba manipulando al acordarse solo de lo que le convenía se me desmoronó cuando observé que sus olvidos no estaban ligados a cosas que lo favorecían. Muchas veces se olvidaba de lo que realmente le interesaba. Un día abrió la heladera y sacó un postre de chocolate, estaba a punto de comerlo y con mucha dificultad lo convencí de que esperara a después de cenar, le prometí que apenas terminábamos se lo daba; estaba desesperado por abrirlo pero aceptó esperar y se sentó a comer. En menos de diez minutos había terminado, se levantó de la mesa y se fue a su cuarto. Me quedé esperando a ver si volvía. Guido, en cuanto terminó, me reclamó su postre. Lucas ya no se acordaba en absoluto de lo que había querido con desesperación hacía solo diez minutos.

Otro día estaba comiendo papas fritas y se levantó de la mesa: *"Voy a buscar el kétchup"*; caminó hasta la heladera, la abrió y se quedó mirando unos instantes. Finalmente me preguntó: *"¿Qué estaba buscando?"*.

A veces subimos al auto y me pregunta: *"¿A dónde vamos?"*, le cuento que estamos yendo a ver a los abuelos, se pone contento y sigue pensando una de sus historias. Unos minutos más tarde me dice: *"¿A dónde estábamos yendo?"*.

Si lo mando a buscar algo, en general no vuelve. Al llegar al lugar se olvida de lo que había ido a buscar. En general se distrae con algo que ve, y también se olvida de lo que estaba haciendo antes de ir a buscar lo que le pedí.

Sin embargo, hay anécdotas de eventos que pasaron hace mucho, de las cuales se acuerda con exactitud. Un día, antes de empezar a leerle un librito, le dije en broma: *"Mirá que no te voy a leer La guerra y la paz"*. Inmediatamente le quise explicar el sentido del comentario. Él me interrumpió *"Ya lo conozco. ¿Te acordás que era el libro que leyó Charlie Brown en la película de Snoopy?"*. Después de unos minutos logré acordarme de que hacía muchos meses, habíamos visto una película donde en una pequeña escena, el protagonista buscaba en una biblioteca la novela más larga que existía y agarraba el libro de Tolstoi.

Otras tantas veces recuerda datos muy específicos que vimos en documentales o leímos en libros. Cuando empecé a investigar un poco sobre la memoria, todo esto tenía sentido.

Los diferentes tipos de memoria trabajan de forma independiente. Las más conocidas son la memoria a corto plazo, que le permite saber qué fue a buscar a la heladera; y la memoria a largo plazo, con la que puede recordar las características de un animal insólito que vimos en un documental hace un año.

Identificar todas las situaciones del día en las que hasta ese momento le reprochaba cuestiones relacionadas a su memoria mejoró nuestra relación.

Concepción abstracta del tiempo

Lucas tiene una percepción distinta del tiempo y dificultades para situarse en él.

Todavía no sabe bien los días de la semana. No sabe en qué día o mes estamos. Por más que lo hemos hablado y que cuando se lo explico, lo entiende, no hay dentro de él un reloj que le dé una percepción de lo que eso significa. Expresiones cotidianas como: *"Dame cinco minutos"*, *"Lo hacemos la semana que viene"*, no tienen significado para él.

Un día estaba enojado y quería saber qué día de la semana tenía computación en la escuela. Entonces, vino muy decidido con un papel donde había dibujado una especie de calendario y me dijo: *"¿Qué día tengo computación?"*. Le contesté que los lunes, y me respondió: *"¿Entonces cuánto falta? ¿Treinta días?"*.

Día, semana, mes, año son nociones que se le confunden. Eso influye en su nivel de ansiedad. Cuando le digo que le doy la *tablet* dentro de veinte minutos, para él no quiere decir nada. Me irritaba que fuera tan impaciente, lo interpretaba como una forma de capricho. Pero cuando me puse en su lugar e imaginé no saber qué tiempo tengo que esperar algo que quiero, entendí lo desesperante que debe ser. Ver las cosas desde su perspectiva aumentó mi tolerancia.

La relación con el cuerpo

"El tono muscular se traduce en gestos, actitudes, modos personales que habitan el cuerpo. La respiración, la voz y la expresión de nuestro cuerpo dependen de nuestro tono muscular y lo manifiestan".

Lucas tiene momentos de gran hiperactividad y otros donde se tira en la cama y siente que no se puede levantar. Al verlo desmoronado y sin energía pensaba que estaba exagerando. No lograba validar sus formas tan extremas de usar el cuerpo. Quería combatir estas manifestaciones físicas como si fueran un problema de conducta, le decía que se mantuviera parado de cierta forma o que dejara de moverse continuamente. De a poco entendí que su relación con el cuerpo tampoco era algo que controlaba y no la podía cambiar fácilmente.

La gran fluctuación que sufre en sus estados de ánimo la expresa con su cuerpo. Es controlado por su cuerpo al igual que por sus pensamientos o sus emociones.

Diferentes disciplinas corporales utilizan el concepto de *tono*. El tono muscular describe el grado de tensión que tiene un músculo, desde la relajación total hasta la mayor fuerza posible para esa persona. Con ejercicios, uno puede tomar conciencia de su tono muscular y luego también modificarlo sobre la base de sus necesidades. Por ejemplo, una persona que está tirada en el piso puede subir el tono muscular y encontrar energía para levantarse. Otra que está invadida por la furia puede bajar el tono corporal y eso ayuda a ganar la calma nuevamente.

Entendí que el cuerpo era una herramienta muy importante de diálogo con su mente y de expresión de sus emociones. Una vez que Lucas pudiera ser consciente de qué estaba expresando su cuerpo en cada momento, tendría la posibilidad de modificar su conducta.

Su mundo interior. Imaginación y creatividad

"Existe el mundo real, el que todos compartimos, y luego está el mundo en mi mente. Y el mundo en mi mente, frecuentemente, es mucho más real que el mundo real". Lo decía, durante su presentación TED, una nena de trece años que había sido diagnosticada con trastorno del espectro autista.[16]

---

16 https://www.ted.com/talks/rosie_king_how_autism_freed_me_to_be_myself/ up-next?language=es.

Reconocí que a Lucas le pasaba lo mismo, su vida interior suspendía completamente la realidad.

Continuamente crea historias donde mezcla personajes que ve en películas con otros inventados por él, piensa con imágenes tan vívidas que es difícil que escuche lo que le dicen.

Cuando la historia tiene mucha acción, necesita mover todas las partes del cuerpo mientras camina, corre o salta, hablando en voz alta para hacer los diálogos y la música.

Esto le puede ocurrir en cualquier lado, en el living de casa, camino a la escuela, en la parada del colectivo, antes de bañarse o en el momento de cenar.

Lo retaba muchas veces por día para que se apurara, se pusiera el delantal, viniera a comer o se preparara para salir. Hasta ese momento, lo había juzgado como distraído y desconsiderado. Ahora podía ver que su universo mental era importante y tenía que ayudarlo a canalizar ese potencial.

Empecé a considerar esa particularidad desde otra perspectiva. Lo que hoy yo sufría como un problema por razones funcionales de la vida cotidiana tal vez era su mayor talento. Más de un cineasta o dibujante han hablado de una infancia difícil por no haber sido comprendidos. Respetar y cultivar su creatividad era una gran responsabilidad que tenía que asumir.

Aprender toda esta información sobre Lucas fue vital. Antes de haber aplicado ninguno de estos conocimientos a un tratamiento, la vida de Lucas ya había mejorado. Cuanta más claridad tenía para describir quién era, más fácil era comunicar a la familia, amigos y maestros sus dificultades e intereses.

Las distorsiones cognitivas, la intensidad emocional y la impulsividad son características que todos tenemos en algún grado. Tomar conciencia y modificar mis propias conductas disminuyó los conflictos cotidianos y se convirtió en una forma de modelar los de él.

Durante años había estado buscando a alguien que me explicara qué tenía mi hijo sin haberme sentado primero a observar quién era. Este período me convenció de lo inútil de llevar adelante tratamientos que no estuvieran pensados en base a sus necesidades específicas. Ahora que conocía a mi hijo y lo aceptaba por quien era, podía crear nuestra propia receta.

Después de leer un libro sobre yoga nos pusimos a hablar
del contentamiento y la autodisciplina.
Le cuento que quiero convertirme en maestra.
Me interrumpe. "Te voy a decir una cosa muy sabia:
cuando vos deseás algo con mucha fuerza, ya lo sos".

Cuando le pregunto dónde aprendió esa frase tan linda se
queda pensando. "No sé, porque no viene de mi creatividad,
ni de mi mente, viene de acá", y me señala el corazón.

Le doy las gracias por enseñarme. "De nada, mamá,
estoy muy iluminado y voy a ayudar a otros, también".

Intento untarle el pan con manteca para evitar que le
ponga una tonelada. Se da cuenta y me dice que lo quiere
hacer él. Se lo doy. Mientras efectivamente le pone el kilo
de manteca, me dice: "Me estoy dando cuenta de que sos
muy paciente y flexible, mamá". Le doy las gracias por
reconocerlo. "Yo tengo emociones muy fuertes, pero cuanto
más grande es el problema es más hermosa la solución".
Nos sonreímos. "Mis palabras son muy sabias, señora".

Me sorprende ver a Lucas cada vez más cariñoso.
Hay momentos del día en que me abraza
sin ninguna razón mientras me dice que me quiere
y que le gusta estar conmigo. Cuando le agradezco,
me mira serio a los ojos: "Todo el amor que das
es todo el amor que recibís".

Vamos al polo tecnológico a una charla sobre Energía.

Varias veces levanta la mano y hace preguntas
que el científico que da la charla le celebra.

Después hay un taller y quiere quedarse. Me acerco
a las coordinadoras para explicarles que tiene problemas
emocionales, dificultades para esperar y baja tolerancia
a la frustración. Entienden y lo dejan elegir otra
propuesta que él prefiere hacer de un taller anterior.
Una de ellas se sienta al lado y lo ayuda a cada paso,
logrando que termine la actividad sin enojarse.
Le hago notar cuán amables y flexibles son con él,
y les da las gracias.

Al salir, el científico que dio la charla lo felicita
y le regala su libro autografiado.
"Mamá, ¡me siento tan orgulloso! ¡Me gustó tanto
participar y que vean que soy inteligente!".

Le contesto que estoy orgullosa de que no haya tenido
miedo a equivocarse.

"Mamá, creo que finalmente pude cambiar de una mente
cerrada a una mente abierta".

Una psicóloga norteamericana creó este concepto
de "fix mind versus open mind", para describir
la diferencia entre las personas que entienden el error
como una prueba de incompetencia y las que creen
que es parte del aprendizaje. Me sorprende cómo
se acuerda de cosas que vimos hace meses.

Empezamos a ver videos sobre la paz porque
en unos días festejan el Día Internacional en la escuela.
En la página de las Naciones Unidas encuentro material
y un video que en pocos minutos explica la historia
de los derechos humanos.

Luego descubrimos otra página llamada "Kids for Peace".
Al terminar de verla, Lucas toma una hoja y empieza
a escribir su propia lista de actos generosos.

Me quedo paralizada porque hace semanas que intento que practique escritura, pero le cuesta y no quiere recibir ayuda. Sin embargo, en este momento escribir cumple una función de comunicación real (no es un ejercicio escolar) y me hace preguntas sobre las palabras que no sabe para lograr su objetivo. Del mismo sitio descargamos unos documentos llamados "Desafío de la Paz" y "Promesa de la Paz".

Hacemos juntos la traducción y armamos una versión adaptada para que lleve a la escuela. Antes de salir me sonríe. "Me siento feliz porque voy a la escuela para convertir el mundo en un lugar mejor".

CAPÍTULO **6**

Una receta

Si quieres construir un barco,
no empieces por buscar madera,
cortar tablas o distribuir el trabajo.
Evoca primero en los hombres y mujeres
el anhelo del mar libre y ancho.

ANTOINE DE SAINT-EXUPÉRY

oco antes de abandonar el instituto neurológico, la psiquiatra me había dicho: *"Los tratamientos son como un traje que comprás en un negocio. Hay diferentes talles y buscamos el que mejor le queda a cada persona, pero no están hechos a medida".*

Al escucharla, decidí que era exactamente eso lo que tenía que hacer, diseñar el traje a medida de Lucas.

La palabra *tratamiento* me sonaba grande y críptica. Tenía que comenzar por entender cuál era su sentido en relación a mi hijo. Llegué a la conclusión de que, en este caso, un tratamiento era el conjunto de actividades que promovían su equilibrio emocional y sus relaciones sociales, para lograr un sentido de plenitud en su vida.

Cuando llegué a esta definición, entendí que conducir ese tratamiento era una tarea indelegable para la cual me tenía que formar y comprometer.

Definir las necesidades de Lucas era una reflexión personal. No todos tenemos los mismos valores, y cada uno de nosotros encara su profesión desde su propia filosofía de vida, incluso los psiquiatras y neurólogos llevan adelante sus carreras desde su mirada subjetiva.

A lo largo de nuestro camino vi muchos profesionales que se olvidan de incluir a los padres en el proceso de trabajo. En vez de darles las herramientas que necesitan, complejizan el discurso. No hablan de una manera accesible para que se entienda que las habilidades sociales son las que usamos todos los días para relacionarnos, que la empatía es nuestra capacidad de sentir lo que siente el otro, o que la resiliencia es nuestra fuerza para salir adelante. Enseñar estas habilidades está al alcance de todos, y para hacerlo es más importante tener valores humanos que títulos.

También pensé la coordinación del tratamiento desde un ángulo práctico: soy la única persona que siempre va a estar ahí. Los médicos y terapeutas tienen una vida personal y laboral dinámica en la que no pueden prometer una continuidad a lo largo de los años. El definir dificultades y objetivos me permitía seguir avanzando en una misma dirección a pesar de las muchas personas que seguirían entrando y saliendo de nuestra vida.

Otros aspectos importantes fueron definir: *"Con quién"*, *"Cuánto tiempo"* y *"Dónde"*.

Entendí que Lucas tenía que practicar habilidades sociales junto a las personas con las que pasaba su tiempo y que eran significativas para él; ellas modelaban su conducta y podían ayudarlo.

En cuanto a la cantidad de tiempo, ¿quién imagina aprender un idioma o tocar un instrumento yendo una vez por semana? No alcanzaban seis horas de terapias dentro de un consultorio para aprender a relacionarse con los demás. Necesitaba más tiempo de apoyo pero en el verdadero terreno de juego, en los espacios donde pasaba sus días, en su casa, con la familia, en la escuela, en la plaza.

Conocer alguno de los enfoques psicológicos que derivan en distintos tipos de terapia me permitía saber con cuál me sentía representada.

Empecé por analizar la terapia conductista que trabaja sobre el aprendizaje o eliminación de conductas a través del reforzamiento o castigo. Este modelo usa estrategias como las planillas con caritas felices, el acceso a ciertos beneficios, las penitencias, la suspensión de derechos. Estas recompensas y castigos son externos al individuo y no reflejan una adquisición de valores intrínsecos.

Al lograr que un niño estudie para ganarse una "carita feliz", no se desarrolla una conexión entre el aprendizaje y el orgullo personal por el esfuerzo. ¿Qué pasa una vez que no tiene un estímulo externo? En este tipo de terapia no se analiza el origen de la conducta, sino que se estimula o suprime a través de la manipulación o coerción.

Lamentablemente, la educación de nuestra sociedad está basada principalmente en estas ideas conductistas.

El segundo enfoque que examiné fue el modelo de déficits. En este, los profesionales ven al paciente como una acumulación de faltantes.

En el caso de Lucas la lista era extensa y, como me dijo la psiquiatra, "¡necesitaba de todo!". Al tener tantos problemas emocionales y sociales, los talentos que pudieran existir eran difíciles de ver tanto para él como para los demás. De este modo, sentíamos que cada minuto del día tenía que estar dedicado a transformarlo en otra persona.

Me imaginé tratando de aprender algo y escuchando continuamente todo lo que hago mal. Pensaría que no puedo y abandonaría. Cuando lo que se está aprendiendo es a interactuar con los demás, podés pensar que simplemente la sociedad no es para vos.

Hace poco leí que para que una persona no se sienta criticada, el radio de comentarios debería ser cinco a uno, cinco comentarios positivos por cada uno negativo.

Finalmente me acerqué al modelo de talentos, donde el énfasis está en cultivar las áreas en las que una persona tiene facilidad. Esto no quiere decir negar los problemas, sino que en vez de poner el acento en arreglar lo que no funciona, se estimulan los aspectos en los que ese individuo tiene talento. Muchos comportamientos problemáticos desaparecen por el solo hecho de sentirse mejor, y una vez que se genera autoestima se puede trabajar en las áreas problemáticas. Aunque al analizarlo este enfoque resulta lógico, es a la vez contraintuitivo, porque cuando hay un problema naturalmente nuestra reacción es tratar de solucionarlo. Sin embargo, cuando hay muchos problemas, tratar de resolverlos todos a la vez es contraproducente.

Al decidir usar este enfoque en Lucas, el clima general de nuestra vida cambió. Dejé de poner la energía en lo que estaba mal y empecé a cultivar lo que existía de positivo.

"Los padres tienen que elegir sus batallas". Me pareció que esta frase del libro de Prizant[17] era el punto de partida obvio para cualquier plan; sin embargo, en el tratamiento anterior no hubiera sabido decir cuál fue la nuestra.

En mi deseo de hacer lo mejor para mi hijo había hecho demasiado. Peleaba en batallas que se enfrentaban unas con otras y ninguna podía avanzar.

Empecé por hacerme preguntas: ¿Cuáles eran los aspectos que no le permitían funcionar? ¿Qué lo hacía sufrir? ¿Qué era lo más urgente de resolver? ¿De qué manera se percibía a sí mismo? ¿Qué reflejo le devolvía su entorno?

También reflexioné sobre cuáles eran, dentro de todas sus problemáticas, las que yo creía prioritarias: ¿Que aprendiera a leer? ¿Que hiciera amigos? ¿Que pudiera regularse? ¿Que estuviera contento durante el día?

Al preguntarme qué emociones quería que Lucas experimente y de qué forma esperaba que se comporte, me

17 **PRIZANT, B. M.** *Op. cit.*

venían a la cabeza palabras como: alegre, amable, respetuoso, honesto, paciente, generoso, agradecido. Luego me pregunté: ¿por qué él querría comportarse de ese modo? ¿Cuál debería ser su motivación?

Reflexioné sobre los valores que tenía que inculcarle para que deseara tener un determinado comportamiento y las conductas se transformaran en una consecuencia de su modo de ver el mundo.

Me enfrenté a preguntas fundamentales sobre mis propios principios: ¿Qué le daba sentido a mi vida? ¿Por qué me comportaba de cierta manera y no de otra? Lentamente empecé a articular qué buscaba para mí y mis hijos.

Llegué a la conclusión de que iba a desarrollar tres ejes en su tratamiento: el primero era crear experiencias positivas; el segundo, compartir con otros, y el tercero, contribuir con el mundo.

Si lograba cultivar estos tres conceptos, los comportamientos sociales y emocionales que anhelaba para Lucas iban a ser una consecuencia natural.

Una vez que definí qué significaba un tratamiento para Lucas, qué tipo de mirada tenía hacia él y cuáles eran mis batallas, empecé a poner en práctica distintas estrategias.

Crear experiencias positivas

La lectura de diferentes libros de neurociencias me hizo comprender la importancia que tiene la suma de experiencias cotidianas en modificar la forma en la que funciona el cerebro. Los científicos demostraron cómo, al estimular cierto tipo de pensamientos y emociones, se pueden crear nuevas redes neuronales que incrementan la actividad de una determinada área. Esta capacidad del cerebro de modificarse a sí mismo se denomina neuroplasticidad. La teoría de Hebb enuncia esta idea con la frase: *"Las neuronas que se activan simultáneamente refuerzan la sinapsis"*. El proceso por el cual las neuronas cercanas se estimulan en forma continua mejora la eficiencia de las señales de comunicación entre ellas.

Nuestros hábitos mentales espontáneos se retroalimentan al reproducirse una y otra vez, convirtiéndose en modos automáticos. Al crear y cultivar estados emocionales y de pensamiento diferentes, uno puede generar nuevos modos de comportamiento frente a la realidad. Estos nuevos caminos mentales dejan una huella observable a través de una mayor actividad cerebral en el área asociada a ese proceso cognitivo o emocional.

Todas estas explicaciones científicas comprueban que prácticas como la meditación o el yoga tienen un impacto real y verificable en el organismo.

Cultivar el bienestar emocional y mental puede cambiar la forma en la que el cerebro funciona. El ADN es el punto de partida en el camino, pero la genética se va modificando en relación con las experiencias.

Neurocientíficos como Richard Hanson se focalizan en buscar métodos para cultivar las emociones positivas, la llamada "ciencia de la felicidad". Hanson propone formas simples de capitalizar los momentos de alegría que suceden a lo largo del día, para que luego tengan un mayor impacto, pasando a la memoria a largo plazo y aumentando la sensación de bienestar general.

Todas estas ideas son compatibles con los principios de *mindfulness*.

Por todas estas razones, experimentar situaciones positivas pasó a ser una prioridad en mi concepto de tratamiento. Esta idea fue tan simple como revolucionaria. Hasta ese momento no había tenido en cuenta la necesidad de cultivar la alegría y de disfrutar momentos simples a lo largo del día. No era algo en lo que creía que pudiera "perder tiempo" cuando Lucas tenía tantos "problemas serios".

Generar el espacio en nuestra vida para realizar actividades que pudiéramos disfrutar se convirtió en la terapia más importante. Empecé a considerar prioritario leerle un libro o disfrutar de caminar juntos por una plaza. El objetivo más importante pasó a ser que pudiera experimentar bienestar, y reconocerlo. Comprender cómo era sentirse bien, despertar en él un enamoramiento con la vida. Cuando surgen el contentamiento y el agradecimiento, las conductas positivas son una consecuencia lógica.

Compartir con los otros

Tener relaciones afectivas es una necesidad humana, pero muchas veces el deseo de cultivar esas relaciones se basa en la satisfacción que ellas nos generan. Al entender esta idea, mi enfoque cambió completamente. Dejé de dedicarme a disciplinar y estructurar la forma en la que Lucas se relacionaba, y me aboqué a que sintiera placer en los vínculos que tenía en su vida.

Uno de los vínculos más fundamentales es el que tenemos con nuestros padres. Tenía que mejorar mi relación con él, pasar de ser alguien que trataba de corregirlo todo el día a convertirme en una persona con quien pudiera compartir momentos agradables, sintiéndose seguro y valorado. Alguien con quien quisiera estar y a quien quisiera escuchar.

La segunda etapa fue mejorar su relación con el resto de la familia. Enseñarle a observar y valorar todo lo que compartía con su hermano, sus abuelos y tíos. Finalmente, me ocupé de cultivar lazos de amistad con sus compañeros de escuela. Quería demostrarle que el mundo no estaba ahí para decirle a cada momento lo desadaptado que era.

Al compartir experiencias positivas con otros iba a desear profundamente estar acompañado. Una vez que este interés estuviera arraigado dentro de él, las nociones de flexibilidad, negociación y respeto serían una necesidad en su vida y no una regla aprendida por obligación.

Cuando vi la situación desde este ángulo perdí el miedo de adaptarme, flexibilizarme y darle más de lo que fuera "justo" dentro de cualquier interacción con un otro. Dejé de pensar que esas concesiones lo volverían más egoísta, caprichoso e inflexible. Descubrí que si estaba rodeado de personas que al interactuar con él fueran generosas, conciliadoras y flexibles, poco a poco iría siendo modelado por ese comportamiento.

Contribuir con el mundo

Hasta ese momento, había creído que lo último que necesitaba un niño con dificultades emocionales era ocuparse de otra cosa que no fueran sus problemas. Sin embargo, comprendí lo importante que es para cualquier niño sentir que puede contribuir con el mundo.

Sentir la capacidad de producir cambios y ayudar a los demás nos empodera y nos otorga autoestima.

Decidí llenarlo de inspiración y confianza para que creyera en su potencial. Que se sintiera capaz de crear, transformar y aportar a este mundo.

Fui llevando estas ideas a la escala en la que podía actuar. Para que desarrollara iniciativas personales en su casa, en el barrio y en la escuela ya no como obligaciones sin sentido, sino como actos cotidianos que inciden en el mundo que compartimos.

La primera transformada con este planteo fui yo; tal vez el punto más importante fue justamente ese, mi ejemplo era la forma más poderosa y auténtica de que comprendiera estas ideas.

Esta nueva dimensión de servicio que instalaba en su vida abría una verdadera reflexión sobre la motivación del estudio. Ya no tenía que pensar qué quería hacer cuando fuera grande, sino cómo quería ayudar, a través del arte, de la medicina, de la ciencia. El conocimiento y la elección de una profesión se convertían en un medio para contribuir con nuestro planeta.

Yendo nuevamente a la raíz de la motivación, miles de pequeños problemas de comportamiento se modificaron. No porque alguien lo castigara o recompensara para hacer algo, sino porque él podía encontrar el sentido a sus conductas. Había imaginado que este tipo de reflexiones las iba a tener con hijos adolescentes. Ahora veo que cuanto antes se instalan estos pensamientos, nacen más tempranamente la autodeterminación y la motivación intrínseca.

La siguiente etapa consistía en cómo lograrlo. ¿Cómo conseguir experiencias positivas? ¿Cómo compartir con otros? ¿Cómo contribuir al mundo?

Todos tenemos el deseo de estar bien, y si no somos capaces de hacerlo es porque nos están faltando las herramientas. No elegimos sentirnos miserables, solos y desadaptados. Lamentablemente, muy a menudo asumí que mis hijos se comportaban de una cierta forma porque "querían", cuando en realidad estaban haciendo solo lo que "podían".

Para ser capaces de elegir nuestros comportamientos necesitamos un grado de conciencia intelectual y emocional muy avanzada, que ni siquiera la mayoría de los adultos tenemos. Por eso el "cómo" hacer era lo que necesitaban aprender. Todos sabemos más fácilmente cuál es el resultado al que queremos llegar que cómo lograrlo.

¿Cómo vivir experiencias positivas?

Para aumentar la cantidad de momentos de bienestar, trabajamos sobre el reconocimiento de sus estados emocionales y la práctica de valores como el contentamiento y la resiliencia. Para esto me nutrí del *mindfulness*, el yoga y la terapia cognitivo-conductual.

El primer paso fue generar conciencia de cómo era sentirse emocional y físicamente tranquilo. *Mindfulness* entrena nuestra capacidad de observar la relación entre los pensamientos, emociones y señales del cuerpo.

No es posible cultivar ningún estado emocional que antes no se pueda reconocer.

Los conceptos de la terapia cognitivo-conductual fueron otra forma de ayudarlo a identificar cómo un pensamiento podía afectar la manera en que se sentía. A través de libros diseñados para niños abordamos temas como el enojo, el negativismo, la angustia o la ansiedad, y estrategias para superarlos. Ideas como visualizar un lugar lindo para calmar un estado de furia o alejarse de una situación que genera malestar fueron algunas de las herramientas que empezamos a practicar.

El yoga y la danza lo ayudaron a conectarse con su cuerpo. El tener un mayor registro le abría la posibilidad de escuchar las señales fisiológicas asociadas a sus emociones, como el cambio en el tono muscular o la aceleración de la respiración.

Para sentir experiencias positivas, Lucas tenía que cambiar su apreciación de las situaciones cotidianas.

Lo familiaricé con tres palabras: *contentamiento* (la capacidad de estar satisfecho más allá de las circunstancias que se presenten), *resiliencia* (la capacidad para adaptarse positivamente a situaciones adversas) y *agradecimiento* (sentimiento de gratitud frente a las personas y situaciones que son parte de nuestra vida). Intenté inculcarle estos tres conceptos a través de pequeños rituales, como dar las gracias cada noche por los momentos que vivimos durante el día; destacar de forma explícita cada situación de calma (*"¡Qué bien que te estás sintiendo en este momento!"* o *"¡Qué lindo lo que estamos viviendo!"*). A diario también buscaba leerle historias que transmitían valores positivos. Lo más importante fue modelar a diario con el ejemplo, diciendo explícitamente: *"Puedo convertir este problema en una oportunidad para"* o *"Gracias a esta dificultad aprendí que…"*. Usaba las situaciones cotidianas para ser resiliente, agradecer y reconocer mis instantes de felicidad.

¿Cómo compartir con otros?

Una vez que empezó a estar más calmo y contento, vi que también necesitaba habilidades que lo ayudaran a interactuar mejor con los otros. Herramientas como: *La teoría de la mente* (capacidad de atribuir ideas, deseos y creencias diferentes de las propias al resto de las personas), *Perspectiva* (entender que podemos analizar las situaciones desde diferentes puntos de vista), *Empatía* (capacidad de ponerse en el lugar del otro) o *Generosidad* (ayudar a los demás sin esperar nada a cambio).

Descubrir la "comunicación no violenta" (CNV)[18] fue de mucha utilidad. Esta se basa en la idea de que todos los seres humanos tienen la capacidad de sentir compa-

---

18 **ROSENBERG, M.** (2006). *Comunicación no violenta: un lenguaje de vida.* Buenos Aires: Gran Aldea.

sión, y solamente recurren a la violencia o al comportamiento que daña a otros cuando no reconocen estrategias más efectivas para satisfacer sus necesidades. La CNV postula que se puede lograr una armonía si las personas pueden identificar sus necesidades, las necesidades de los demás y los sentimientos que rodean a estas necesidades.

Todas estas herramientas fueron útiles, no tanto cuando pretendía enseñarlas sino cuando las ponía en práctica de una forma explícita, compartiendo en voz alta la manera en la que yo razonaba: *"Quisiera que te fueras a bañar ahora, pero si me pongo en tu lugar, entiendo que quieras terminar primero tu dibujo"*.

Otra forma de poner en práctica estos conceptos fue ayudando a poner en palabras las emociones y necesidades de cada uno para resolver problemas con su hermano o con amigos.

También nos fueron útiles las películas, videos o cuentos que propician la conciliación, la empatía o la resolución de problemas de forma colaborativa.

¿Cómo contribuir con el mundo?

Hasta ese momento, Lucas no había escuchado la historia de personas que dejaron un legado importante a la sociedad. Los planes de estudio de la primaria se enfocan principalmente en próceres que en su mayoría se destacaron en un plano bélico/político.

Decidí que conociera la vida de otros personajes como Da Vinci, Darwin, Einstein o Tesla. Vimos documentales y leímos libros. A diario, constataba cómo familiarizarse con sus biografías lo sorprendía y motivaba.

Quise que conociera líderes de la paz, personas ejemplares que hayan luchado por mejorar el mundo sin usar la violencia. Aprendió quiénes fueron Gandhi o Luther King. Quién es Malala Yousafzai, la adolescente pakistaní que recibió el Premio Nobel de la Paz en el año 2014. También vimos otros ejemplos de pacifistas como Lennon o Marley.

A través de las historietas de Mafalda, empezamos a hablar de temas políticos y económicos. A medida que le leía tuve que explicarle qué fue la Segunda Guerra Mundial, el conflicto de Vietnam o las Naciones Unidas. Lucas se enteró de algunas de las guerras y conflictos sociales que había en el mundo. Cuando abordábamos un tema, buscábamos algún pequeño documental. A veces me cuestionaba si la realidad no era demasiado impactante para él. Luego recordaba la violencia descontextualizada y deshumanizada de los jueguitos o de la tele.

Una vez que ganó conciencia global y conoció la vida de algunas personas extraordinarias, empecé a mostrarle ejemplos de iniciativas, fundaciones y proyectos hechos por niños para mejorar algún aspecto de nuestra realidad.

Finalmente, conectamos cómo nuestra realidad cotidiana era parte de este mundo y cómo las pequeñas acciones de cada día contribuyen en una dirección o en otra.

Lucas fue ampliando sus horizontes, sus expectativas y sus ideales. Esto lo llenó de motivación y lo empoderó. Sentirse capaz de hacer algo por los demás le generó orgullo, autoestima y significado en su vida. Ahora me dice frecuentemente que quiere ser arquitecto para ayudar a construir una nueva ciudad o que quiere ser programador para crear juegos divertidos para que los chicos estudien. Fantasea o proyecta imágenes de él mismo comprometido con la realidad.

Observé que para llevar adelante todas estas ideas tenía que desarrollar presencia, flexibilidad y controlar mis expectativas.

Presencia

Antes de comenzar a practicar *mindfulness*, la palabra *presencia* me parecía abstracta. Lentamente pude ser más consciente de cuándo estaba emocional y mentalmente presente. Y descubrí que muchas veces, estando al lado de Lucas, me perdía en mis pensamientos, preocupaciones y proyecciones.

Cuando empecé a cultivar la presencia, dejé de estar en mi mundo mental y pude acompañar más el suyo. Logré observar con atención y a veces hasta anticipar lo que podría ocurrirle emocionalmente. Pude ayudarlo a reconocer sus propios estados anímicos, y también pude estar más disponible cada vez que él quería comunicarse conmigo.

La "presencia" permite observar al otro en un plano físico y mental, descubrir cada señal que envía y sintonizar con sus necesidades. Esto no solo me conectó con él sino que también me ayudó a evitar que Lucas absorbiera mis estados emocionales.

Flexibilidad

Hasta ese momento pensaba que al flexibilizarme cedía frente a mi hijo, volviéndolo más rígido e intransigente. Al repensar la educación desde otro ángulo, descubrí la importancia de demostrarle a diario la habilidad que esperaba de él. Esto no lo volvía más "caprichoso" sino que modelaba un mecanismo de respuesta frente a la realidad.

El reconocer su grado de inflexibilidad, cansancio o enojo en cada situación me permitía buscar estrategias adaptadas a ese momento.

Con Lucas debía buscar formas de llevar adelante las actividades cotidianas a las que se negaba. Un ejemplo fue la lucha cotidiana del baño que yo intentaba conquistar antes de que jugara con la *tablet*. Al pedirle que se bañara se revolcaba por el suelo, gritaba y lloraba, su rigidez mental no le permitía flexibilizarse ante la idea de ejecutar la tarea del baño primero y luego hacer lo que quería. Continué pidiéndoselo pero si lo veía inflexible, cedía y le proponía que la próxima podía ser flexible él. Sorprendentemente, después de un cierto tiempo de que yo cambiara mi estrategia, él también empezó a flexibilizarse algunas veces, y el ritual cotidiano del baño pasó a ser una tortura menor.

Expectativa

Al adaptar nuestras expectativas a las posibilidades de la persona que está enfrente, logramos que siempre haya un aspecto positivo en la interacción.

Al analizar mis expectativas, empecé a ser consciente de que muy frecuentemente estaba un paso más arriba de lo que Lucas podía dar. Me quedaba decepcionada y sin poder disfrutar lo que había sucedido. Esto no solo lo frustraba también a él sino que además modelaba su conducta en un registro de insatisfacción constante.

Cuando participaba en actividades grupales, asumía que tenía que prestar atención como la mayoría de los chicos y estar sentado mirando a los ojos de la persona que estaba hablando. Me frustraba cuando no lo hacía, y mis intervenciones empeoraban la situación. Al dejar de lado mi expectativa, me daba cuenta de que él participaba de un modo distinto o durante un tiempo más corto.

Lo mismo ocurría cuando íbamos al teatro, si unos minutos antes que terminara la obra se empezaba a mover, le insistía en que se quedara quieto y eso causaba más comportamientos disruptivos. Al adaptar mis expectativas, en vez de decirle que se quedara quieto o ignorar su comportamiento, le empecé a preguntar: *"¿Estás aburrido? ¿Te querés ir?"*. Salir diez minutos antes del final de la obra evitaba una situación negativa, él estaba feliz de haber disfrutado lo máximo que había podido, y yo contaba con una experiencia teatral que predisponía positivamente las siguientes.

Lucas podía disfrutar y sentirse exitoso si yo reconocía su punto de tolerancia actual y me adaptaba a él. Esta nueva perspectiva me permitió transformar momentos de fracaso en situaciones placenteras, aumentando el tiempo de tolerancia con cada nueva experiencia.

Adaptaciones

"Hay situaciones que el niño debe aprender a reconocer y evitar. Evitar un ambiente que lo supera no es un signo de fracaso, sino un logro de autoconocimiento y autodefensa. De hecho, cada persona exitosa aprende a buscar

ambientes y situaciones que lo llevan al éxito y evita las que lo llevan al fracaso". Esta frase del libro *Solving Executive Function Challenges*[19] me liberó de la presión de que Lucas debía hacer el mismo tipo de actividades que el resto de los chicos.

Las adaptaciones son las modificaciones en la vida cotidiana que contribuyen a evitar situaciones que un individuo todavía no tiene la capacidad de manejar.

No tenía que ir a los partidos de fútbol, compartir todas las reuniones familiares, ir a los cumpleaños sobrecargados de estímulos excitantes. Lucas necesitaba adaptaciones en su vida social. No tendría que ser necesariamente así por el resto de su vida, pero si no lo protegía ahora de experiencias negativas, estas lo harían alejarse definitivamente de ciertas actividades.

Entendí la importancia de evaluar de una forma realista las posibilidades qué tenía de disfrutar cada experiencia. Si no lo veía listo, no lo exponía. Crear un ambiente tranquilo y evitar lugares que le generaban demasiada excitación era indispensable para construir experiencias positivas.

La otra parte de esta ecuación era la capacidad del entorno de adecuarse a sus posibilidades. *"¡Pero no puede*

---

19   KENWORTHY, L., ALEXANDER, K. C., GUTERMUTH ANTHONY, L., CANNON L. M., ADLER WERNER, M. y GREENMAN, L. *Op. cit.*

adaptarse todo el mundo a él, tiene que aprender a estar con el resto de la gente!". Miles de veces me sentí angustiada cuando alguien me decía algo así, sin saber realmente qué era lo mejor.

Las personas que tienen esa visión creen que adaptarse al niño lo volverá más inflexible y egoísta. Para explicarles empecé a comparar el razonamiento con el que todos usamos frente a una discapacidad física: si un nene está en proceso de rehabilitación para volver a caminar, lo llevaríamos en silla de ruedas a la plaza y le pediríamos a sus amigos que se adapten a sus posibilidades hasta que paulatinamente pueda volver a caminar y compartir cualquier juego. Nadie le negaría ir a la plaza hasta que no camine, ni pensaría que sus amigos no deben adaptarse para incluirlo. A nadie se le ocurriría que las muletas lo van a convertir en una persona dependiente el resto de su vida, ni que si las personas se flexibilizan a sus capacidades actuales, él perderá la motivación de caminar por sí solo.

Sin embargo, cuando pensamos en niños con problemas socioemocionales usamos esta lógica absurda. Creemos que: "Si obtiene un tratamiento especial va a creer que siempre será así".

El elemento más poderoso para modelar la conducta es el ejemplo. ¿Cómo va a estar mal ser más paciente con él si quiero que él sea paciente con los demás? Mi objetivo pasó a ser que Lucas disfrutara lo máximo posible de las relaciones sociales, y para ello requería un esfuerzo de adaptación de la gente que lo rodeaba.

En el tratamiento anterior no habían puesto el foco en ninguna actividad que trabajara en las adaptaciones del entorno. Al abandonarlo, puse este aspecto en un lugar central. El conocimiento de las personas que lo rodeaban podía hacer la diferencia entre que Lucas fuera incluido o no.

Terapias y terapeutas

Al ver que Lucas tenía déficits en tantas áreas, me parecía lógico tratar de llenarlo de terapias. Continuamente vivía mortificada por la duda de saber si estaba en manos de los mejores profesionales haciendo las terapias más efectivas. Cada año íbamos al neurólogo a que nos dijera cuáles hacer. Hay ciertas actividades que se suelen recetar, entre ellas, fonoaudiología, terapia ocupacional, musicoterapia y dramaterapia. Existen varias razones por las cuales se sugieren estas terapias y no otras. Una de ellas es que hay carreras específicas cuyos profesionales pueden acreditarse como prestadores de salud, y de esa manera ser reconocidos por las obras sociales que reintegran los aranceles.

Por lo tanto, aunque a mi hijo le encante cocinar y eso lo conecte con otras personas y le dé una sensación de realización, nadie le va a recetar que haga un curso de cocina. Sin embargo sería lo más terapéutico para él, ya que el objetivo es que mejore sus habilidades sociales a través de un interés personal.

Observé que lo llevaba a muchas actividades guiadas por profesionales que venían con su agenda diaria de objetivos terapéuticos en sus cuarenta minutos de sesión, proponiendo juegos en función de una habilidad a desarrollar (si quiero que aprenda a esperar el turno lo hago saltar a la soga). Cuando vi cuán artificial era todo esto, comprendí que Lucas también lo podía percibir.

A través de mis lecturas, descubrí médicos que piden a gritos volver a humanizar los tratamientos, a confiar en la intuición de cada familia para conectarse con las actividades y las personas que le hacen bien al niño. Gracias a ellos, comprendí que la finalidad última de cualquiera de las terapias era que Lucas pudiera compartir la vida con otras personas y que ese deseo lo llevara a conciliar con los demás.

Una vez que definí lo que creía importante para Lucas (generar experiencias positivas, que comparta con otros y que contribuya al mundo), cualquier actividad, si estaba adaptada en forma, duración y expectativa, se convertía en una buena terapia para él. Lo más importante era que fuese conducida por adultos empáticos. Esta cualidad existe en mucha gente sensible, sea o no terapeuta. Durante cierto tiempo, el solo hecho de saber que alguien era fonoaudióloga o musicoterapeuta con un buen currículum me hacía sentir que era la persona indicada. Actualmente, le doy espacio a mi percepción y a la sintonía que veo entre la persona y mi hijo. Busco individuos dispuestos a encontrar a Lucas y sus particularidades sin prejuicios, ni etiquetas, ni agendas rigurosas. Personas que vean en él lo que tiene de especial por encima de lo que le falta. A través de esa interacción surgirán las situaciones de enojo o frustración que ellos podrán ayudarlo a atravesar, nutriendo a Lucas de su propia conducta flexible y calma.

Antes de que se duerma, me siento en su cama
a leerle un libro. Elijo uno de educación emocional.
Al final del capítulo hay unas actividades
y le propongo contestarlas:

Opción A: Un nene llega a la cocina mientras
    su papá está cocinando, y le empieza a gritar
    que quiere un vaso de agua.

Opción B: Un nene llega a la cocina y al ver
    al papá dice: "Tengo sed. ¿Puedo abrir la heladera
    para sacar jugo?".

Aburrido, Lucas contesta varias preguntas
con situaciones similares. Al terminar me levanto
y mientras apago la luz, me dice:

    "Opción A: Un nene llama a su mamá para que
    se acueste con él y ella se va a hacer otras cosas.
    Opción B: Un nene llama a su mamá para
    que se acueste con él y ella le dice que sí.
    ¿Cuál de las dos mamás está usando
    el pensamiento social?".

Muerta de risa le digo que la opción B y me acuesto
con él. "¡Muy bien, mamá!".

Llegamos al Centro Cultural Recoleta, entramos
a una sala donde hay una instalación sobre juegos, prueba
una actividad que le parece difícil y sigue de largo.
Ve un espacio con juegos de mesa y quiere probar
el ajedrez. Una mamá que está en la sala me pregunta
si podemos hacer un partido con su hija porque
ella no sabe jugar y la nena, sí.

Hay momentos en que me siento dentro de una
tragedia griega. Sé que cualquier opción que elija
va a convertirse en un drama. Si le decía que no jugara
se iba a enojar, además mi objetivo era que pruebe
experiencias y se relacione con otros, pero al mismo
tiempo sabía que era muy probable que un juego
tan reglado lo desregulara.

Ayudo a que se presente. Empiezan a jugar, él quiere
explicarle cómo mover las fichas pero ella ya sabe.
Me quedo al lado de ellos, consciente de que es
una situación de riesgo. En cualquier momento puede
frustrarse o enojarse con ella si le come una ficha
o hace un comentario. Estoy contenta de verlo jugar con
alguien y a la vez sé que tengo que preparar estrategias
para llegar al final de esa situación sin conflicto.

Veo que el juego no avanza, porque los dos tienen
miedo de que les coman las piezas,
trato de que abandone para evitar que se obsesione
con ganar o que reaccione contra ella.

Le digo de ir al museo de ciencias que está dentro del
centro cultural y que le gusta tanto, pero no quiere. Está
por explotar en cuestión de minutos. Les recuerdo que hay
que respetar las reglas, observar la mente del otro para
entender su juego y que no es importante quién gana.

La nena menciona cuán importantes son cada una
de las piezas que se comen. Cuando ve que Lucas quiere
proteger al rey, le dice con tono malicioso: "Yo tengo
un plan para comerte esa ficha". En cuanto termina
la frase sé que una explosión es inminente. Acaricio
el pelo a la nena y amablemente le pido que haga silencio.
En ese momento, Lucas levanta el tablero entero para
revolearlo. Lo atajo y solo se caen al piso algunas piezas.
Esto lo enoja más y empieza a insultar.
Me pongo enfrente de él para que no le pegue a la nena.
Empieza a dar golpes y patadas, uno me pega
en las costillas bastante fuerte.
Le pido a la nena y a la mamá que se alejen.

Lucas sale corriendo por el pasillo. Junto lo que quedó
en el piso y salgo detrás de él.

Llega al fondo del pasillo y empieza a subir las escaleras
queriendo ir al museo. Cuando le digo que no es ahí
se enoja más y baja corriendo mientras me insulta.
En su camino cruza a dos madres con cochecitos.
Una de ellas lo mira burlonamente: "¡Upa!".
Siento el peso de su juicio, solo puede ver un chico

malcriado y caprichoso del cual yo soy responsable.
Me quedo perpleja pensando qué decirles,
les puedo explicar que mi hijo tiene autismo pero
llego a la conclusión de que no vale la pena.
Sigo corriendo detrás de él.

Para al final del pasillo, todavía en estado de crisis,
con la voz agresiva y el cuerpo tensionado.
Le digo que me siento a calmarme, él se esconde
detrás de una columna, de verdad me enfoco en mi
respiración para tranquilizarme. Todavía siento el dolor
en la costilla, me largo a llorar, no por el dolor físico
sino por pensar que me pegó así de fuerte.

Nos quedamos en silencio más de quince minutos.
Finalmente dice con voz tranquila:
"¿Cuándo vamos al museo?". Escucho que volvió en sí.
Me paro y empezamos a caminar, me ve triste
y me pregunta qué me pasa. Le explico que todavía
me duele lo que sucedió. Me abraza y pide disculpas:
"Voy a practicar más mindful, mamá".

Están jugando en la terraza y escucho que empiezan
a levantar la voz. Salgo corriendo y le pido
a Guido que se aleje, pero cuando se empieza a ir,
Lucas le pega una patada en la cola. No fue nada grave

pero le duele y se pone a llorar, lo abrazo
para calmarlo mientras me dice que su hermano
es bruto y malo. Lucas se esconde en el cuarto de al lado.

Le explico que no es una cuestión de maldad.
Al escucharme, Lucas sale del cuarto diciendo:
"Sí, tiene razón, soy malo, fui muy reactivo" y se va;
le pido que se quede con nosotros y me dice que no.

Sigo calmando a Guido por unos minutos. Le vuelvo
a explicar que no lo hace a propósito y que después
de que reacciona se siente muy culpable.

Bajo a buscar a Lucas a su cuarto. Está escondido
dentro del placard. Cuando lo abro, dice:
"No tengo que vivir más con ustedes. Me tendría
que haber ido hace mucho tiempo. Guido no quiere
estar cerca mío, y tiene razón".

Le digo que lo amamos, que Guido ya lo perdonó, que él
va a superar esa reactividad y que es una persona muy
luminosa. Le propongo que le hable y le diga lo que siente.
Se entusiasma y sale del placard.

Volvemos a la terraza. Lucas se para enfrente
de su hermano: "Perdón, me siento muy culpable por
lo que hice. A mí también me da miedo mi reactividad".
Quiere seguir diciendo cosas feas de él mientras se pega
en la cara pero Guido lo para, le da un abrazo
y le dice que lo quiere mucho.

Es el primer día de vacaciones. Estamos en una casa grande que compartimos con los abuelos y los tíos.

Lucas me pide ver la tele. Acepto y sube al cuarto de los abuelos, que es donde hay una. Después de casi dos horas de ver Animal Planet vuelve solo al comedor donde está el resto de la familia. Está de buen humor, me cuenta cosas que aprendió sobre algunos animales exóticos.

Le digo que estamos poniendo la mesa para comer juntos en unos minutos; a pesar de eso sube corriendo y me grita que va a seguir viendo tele.

Como es el primer día quiero dejar en claro que solo puede ver tele cuando le doy permiso, así que subo detrás de él y le pido que la apague. No me hace caso, agarro el control y lo hago yo. Se enfurece e intenta sacármelo, cuando ve que no puede me empuja y empieza a pegar. Retrocedo, mantengo la calma pero soy terminante. Bajo al comedor llevándome el control. Sigo poniendo la mesa y unos minutos más tarde aparece Lucas, agarra un cuchillo de la mesa y me empieza a apuntar. Nos quedamos paralizados. Toda la familia lo observa y saben que no tienen que intervenir. Sin parecer asustada y sin hacer comentarios me acerco a él y le pido que me lo dé. Acepta. Después de unos minutos, se acerca a pegarme de nuevo. Vuelve al cuarto de los abuelos para tirar cosas y buscar el control.

Voy detrás de él y me mantengo cerca para cuidar
que no rompa nada mientras evito sus puños.
Logro no entrar en su enojo ni reaccionar.

Le propongo ir a almorzar y baja conmigo. Nos sentamos
a la mesa y empieza a comer. Todos nos ponemos a hablar
de otra cosa y él se suma. Nos cuenta algo y se ríe,
parece como si nada hubiera pasado.

Suben a la terraza mientras les hago el desayuno.
Unos minutos después escucho un ruido de vidrios
rotos. Guido llega a la cocina corriendo, veo que no está
lastimado, respiro. Me explica que Lucas se enojó
con él y le tiró dos frascos de vidrio a través
del agujero de la escalera.

Sin decir una palabra, busco la escoba para juntarlos,
todavía conmocionada de imaginar lo que podría
haber pasado. Con calma y suavemente, le explico
a Lucas que podría haber terminado en un accidente
grave, le recuerdo que es importante no actuar
cuando está enojado, esperar para poder pensar
y medir las consecuencias de sus actos.
Me mira en silencio y me doy cuenta de que él
también está asustado.

CAPÍTULO 7

Agresividad

Paz no es solo una meta
distante que buscamos,
sino el medio por el cual
llegamos a esa meta.

MARTIN LUTHER KING

ucas sufrió desde muy chico constantes episodios de enojo: gritó, revoleó objetos, rompió vidrios, me amenazó con cuchillos y con ahorcarme.

Siempre sentí una total impotencia en esos momentos. Ignoraba las causas de las crisis y cómo ayudarlo, tampoco tenía conciencia de las graves consecuencias físicas y mentales que le producían estos estados emocionales.

A los tres años se negaba a caminar de la mano; si lo obligaba, gritaba y pataleaba. Era casi imposible salir con él por miedo a que cruzara la calle solo o se fuera hacia los autos. Tenía que forzarlo a sentarse en el cochecito para hacer las tareas más simples, como ir al supermercado o llevarlo al médico.

Cuando tenía cuatro, durante varios meses se negaba a vestirse. Me revoleaba la ropa por la cabeza y pasaban horas hasta que lograba que estuviera listo para salir a la calle.

A medida que crecía, las situaciones de furia aumentaban, cada día me pesaba más no ser capaz de controlarlo.

Después de cumplir cinco, el psiquiatra me indicó medicarlo, al mismo tiempo me decía: *"No tiene ningún problema, necesita disciplina"*. Esto contribuyó a que me volviera inflexible, confiando en que así resolvería el problema. Las conductas agresivas que todavía eran tolerables en un chico de cinco años pasaron a ser peligrosas en uno de siete. Cotidianamente, Lucas gritaba, pegaba y se enojaba por inmensidad de razones.

Mi respuesta frente a su desobediencia era mirarlo con cara de enojo pretendiendo que cambiara de actitud; cuando eso no funcionaba, le gritaba, después lo amenazaba con algún castigo y al final lo ponía en penitencia. Si no la respetaba, le aumentaba la penitencia o lo llevaba de nuevo a donde le había dicho que se quedara. "Consecuencias negativas para que entienda que se está portando mal". Esta forma de educar es parte de nuestra sociedad. Tantas veces escuché: *"Ya no sé qué sacarle, no me queda nada por prohibirle"*. Las penitencias, en vez de aplacarlo, lo llevaban a escalar en su agresividad; y manteniendo la lógica, yo aumentaba las consecuencias.

Hasta ese momento creía que era la única manera de ayudarlo, incluso pensaba que si no lo castigaba estaba reforzando esas conductas.

Cuando nos mudamos seguí usando las penitencias, pero lo encontraba más desafiante y agresivo que nunca. Hasta que una gota desbordó el vaso: un día se enojó en su escuela porque no lo dejaron jugar con la escenografía de un acto. Como se resistió pateando a todos los que se le acercaban, lo sacaron del lugar entre varios adultos sujetado de brazos y piernas. En ese momento entendí que si su agresividad seguía creciendo, incluso yo iba a tener miedo de estar con él. No dormía pensando en eso, imaginaba cuán peligrosas se iban a volver sus conductas a medida que creciera.

Me llenaba de culpa preguntándome: *¿Qué hago para que sea así de malo? ¿Cómo puedo tener un hijo así de insensible y violento?* Me daba una tremenda vergüenza cada vez que empujaba o insultaba a alguien. Estaba tan convencida de que la causa era la educación que no reparaba en ver que Guido, teniendo los mismos parámetros de disciplina, no llegaba a esa violencia.

Mientras tanto, mi propio resentimiento y enojo crecían. Llegó un momento en que los niveles de agresividad que estaba alcanzando para controlar los de él fueron inadmisibles; si ese era el costo para que obedeciera, no iba a pagarlo. No estaba dispuesta a seguir aumentando los niveles de castigo y represión.

Cuando volví a Buenos Aires me sentía abatida. Lo que había hecho hasta ese momento no servía, y el instituto neurológico tampoco me dio ninguna respuesta para este problema. En mi búsqueda, encontré las ideas de Prizant:[20]

---

20 PRIZANT, B. M. *Op. cit.*

"La desregulación emocional nunca surge de la nada, siempre hay una razón por la cual el niño entra en una crisis. La función de padres y profesionales es la de descubrir el porqué de cada situación".

La solución a la agresividad de mi hijo empezaba por escucharlo. En este tiempo transcurrido aprendí sobre las consecuencias físicas que causa el enojo en el cuerpo y a reconocer cuáles son los detonantes de conflicto en Lucas.

Divido este capítulo en tres secciones: la primera se propone entender el enojo desde un aspecto fisiológico y funcional; la segunda, prevenir y disminuir las crisis; y la tercera, compartir herramientas para desarrollar la regulación emocional.

1. Entender el enojo

Para entender el aspecto fisiológico del enojo me ayudó un libro llamado *Self-Reg*, de Stuart Shanker, profesor de Psicología de la Universidad de York.[21] Su explicación se basa en el modelo del cerebro triuno, desarrollado por Paul MacLean. Esta teoría explica que nuestro cerebro cuenta con tres partes que se fueron desarrollando en diferentes momentos de la evolución

---

21 **SHANKER, S.** (2007). *Self-Reg: How to Help Your Child (and You) Break the Stress Cycle and Successfully Engage with Life.* Montgomery: Glenthebookseller.

humana, posicionándose una arriba de la otra. La que está más arriba es la más actual y se llama neocorteza. Se ocupa de funciones avanzadas como el lenguaje, el pensamiento, la empatía y el autocontrol. Debajo se encuentra una parte del cerebro más antigua, el cerebro mamífero, que alberga el sistema límbico encargado de las emociones. Y más abajo el cerebro reptiliano, la parte más primitiva, que se ocupa de las funciones automáticas del organismo, como respiración, sueño, hambre, etcétera.

Las neurociencias demostraron que las capacidades de la corteza prefrontal se ven reducidas cuando se activa el sistema límbico. Este sistema se pone en marcha a través del sistema nervioso autónomo al detectar una fuente de estrés, lo cual incluye pequeñas situaciones que el cerebro puede decidir que son peligrosas. Al activarse, desencadena una respuesta llamada "lucha o huida". Esta protege al ser humano frente a los ataques que hacen peligrar su supervivencia. Antiguamente, el hombre luchaba a la par del resto de las criaturas para sobrevivir, y era imperativo estar alerta a los peligros que pudieran aparecer (animales salvajes, enemigos) reaccionando de una forma inmediata. Un par de segundos de análisis podían costar la vida.

El sistema nervioso autónomo monitorea las condiciones externas del ambiente y modifica los parámetros del cuerpo frente a los estímulos que le generan estrés.

Un ejemplo de esto es la manera en que el cuerpo desencadena una respuesta metabólica para generar calor corporal si la temperatura del ambiente cambia mientras dormimos, alterando también nuestra respiración, nuestro ritmo cardíaco y consumiendo una gran cantidad de energía.

Al activarse la respuesta de "lucha o huida", la parte más antigua del cerebro produce adrenalina y genera una cadena neuroquímica que termina en la elaboración de cortisol. La adrenalina y el cortisol aumentan el ritmo cardíaco, la presión de la sangre y la velocidad de la respiración. Esto permite que envíen glucosa y oxígeno a los músculos, preparándose para luchar o huir. El grado de alerta y reactividad aumenta, las pupilas se dilatan y se sueltan endorfinas para incrementar la tolerancia al dolor.

Todo este sistema de alarma es muy primitivo y no hace ninguna diferencia entre un verdadero enemigo y uno imaginario, por ejemplo un juego de computadora.

Este sistema fue concebido para que reptiles y mamíferos pudieran sobrevivir en ambientes salvajes, y no distingue la severidad del peligro o el tiempo que este va a durar. Mientras esta alarma está prendida, el cuerpo sigue produciendo hormonas de estrés, que en exceso modifican el funcionamiento de los órganos del cuerpo e incluso pueden destruir células en algunas partes del cerebro en desarrollo.

Para tener la energía necesaria en este estado de "lucha o huida", el hipotálamo suspende funciones que consumen energía pero que no son imprescindibles para sobrevivir. Algunas de estas funciones son: digestión, sistema inmunológico, reparación y crecimiento de las células. También disminuye o suspende la mayoría de las funciones de la corteza prefrontal: lenguaje, pensamiento reflexivo, empatía y autocontrol.

Recientemente se descubrió que una de las funciones que se modifican durante el modo de "lucha o huida" es el tono de los músculos del oído medio, reduciendo la capacidad de escuchar el lenguaje y mejorando el reconocimiento de sonidos en baja frecuencia, completamente funcional al reconocimiento de predadores.

Stuart explica que durante el modo de "lucha o huida", nuestro cerebro social se pone en pausa y regresamos a un estado prelingüístico donde los mecanismos de supervivencia están activados. Si este sistema se activa muy frecuentemente, entra cada vez más fácilmente en funcionamiento y crea un estado de hipervigilancia en el cual continuamente está preparado para entrar en acción. Esto ocurre porque la parte del cerebro que activa la respuesta de "lucha o huida", la amígdala, se encuentra en constante estado de alerta. Cuando el sistema nervioso detecta muchos estímulos estresantes, el sistema límbico puede volverse hipersensible y reaccionar de una forma mucho más frecuente, sin dejar que la corteza prefrontal pueda evaluar la situación.

Las teorías evolutivas explican nuestra tendencia a estar más enfocados en los estímulos negativos, como una estrategia de supervivencia que la raza humana fue desarrollando. Al haber estado alerta por miles y miles de años para preservar la vida, nuestro cerebro se fue haciendo propenso a buscar las señales negativas en el ambiente. Incluso, aprendió a juzgar las señales neutras como negativas, ya que es más seguro defenderse por si acaso que juzgar una situación como segura y luego sufrir las consecuencias de la imprudencia.

El sistema de "lucha o huida" se activa al percibir una amenaza, pero la definición de esta es algo completamente subjetivo. El evento que dispara una respuesta de lucha o huida se llama "detonador" y varía en cada individuo. Todos tenemos nuestros detonadores. Para algunos, son las situaciones ligadas al tráfico; para otros, que alguien no los salude; en otros casos, el tono agresivo. La intensidad emocional de cada individuo también acentúa la cantidad de detonadores.

Para Lucas, lo son muchísimas situaciones, personas, acciones y pensamientos: la competencia, los celos, los sentimientos de inferioridad, la adjudicación de intención negativa a las conductas de otros. Y su intensidad emocional hace que conflictos insignificantes para otros sean grandes dramas para él. Cuando tomé conciencia de todo esto pude entender que tantas situaciones activen su sistema de "lucha o huida".

Al conocer las consecuencias fisiológicas que producen esos estados, mi objetivo primordial se convirtió en evitar que entrara en ellos.

La información me permitió dejar de darle importancia a los insultos y acciones a los que antes reaccionaba fuertemente ofendida. Al comprender que la agresividad es ante todo un método de defensa, primero yo y después su entorno podía dejar de estigmatizar a Lucas y aprender modos de ayudarlo.

Otro aspecto importante en el proceso de aprendizaje fue comenzar a ver la función de la conducta. Gracias al libro *The Behavior Code*,[22] pude ver los comportamientos desde otro ángulo.

"La conducta humana tiene una función. Toda conducta es una forma de comunicar una necesidad o un deseo".

Todos, sin excepción, nos regimos por este principio. Al entender este concepto, mi mirada cambió completamente. Una manera de ejemplificar esta distinción sería imaginar a un moribundo sediento que grita para pedir agua y alguien que le contesta que no se la puede

---

22   MINAHAN, J. y RAPPAPORT, N. *Op. cit.*

dar hasta que no hable correctamente. El moribundo vuelve a gritar porque no aguanta más y el otro le pide que primero baje el tono.

Ese era el grado de incomunicación que yo tenía con Lucas. Mientras él estaba pensando en su necesidad (la función), yo solo prestaba atención al modo (la conducta). Al cambiar mi actitud, puse mi atención en lo que necesitaba, aunque la forma de pedirlo no fuera la adecuada.

El libro explica que cada mal comportamiento es una conducta desadaptada. Y esto se debe a que el niño no tiene la habilidad para generar una que sí lo sea. La solución es ayudarlo a satisfacer sus necesidades y que luego aprenda habilidades que requieren las conductas adaptadas, tales como: flexibilidad, empatía, perspectiva, resolución de conflictos, etcétera. De esta forma, su frustración disminuye y paulatinamente incorpora las herramientas que le faltan para comunicarse adecuadamente.

Esta forma cambia completamente el paradigma que está incorporado en la sociedad, donde se cree que los niños se comportan mal porque quieren. Cuando se abandona la idea de que el mal comportamiento es una elección del niño, el adulto deja de juzgarlo y puede ayudarlo. Al entender que está siendo desbordado por sus emociones y no encuentra formas equilibradas de expresar sus deseos, surge la comprensión. El adulto cambia la función de su conducta.

Dejar de asumir que mi hijo podía controlar sus enojos fue transformador. No solo empecé a enfocarme en herramientas que lo ayudaran en vez de castigarlo, sino que además dejé de culparlo por comportarse de maneras que él estaba padeciendo.

Una vez que entendí el aspecto fisiológico y funcional de los enojos, me concentré en observar cuáles eran los detonadores particulares en mi hijo.

Observé que sus enojos nacen de dos tipos de situaciones: del mundo que lo rodea o de su mundo interior.

El mundo exterior es la categoría que resulta más fácil de distinguir, siempre hay un elemento visible que desencadena el conflicto. Este tipo de situaciones lo dividí en varios grupos: deseos, errores de interpretación y objetos.

El grupo "deseos" son los conflictos que se detonan por conseguir algo. Esto ocurre cuando lo que él desea no es posible debido a reglas que no dependen de mí, o debido a que chocan con los deseos de otra persona.

Otro tipo de enojos nacen por error de interpretación. Inmediatamente que recibe un estímulo, alguien lo toca por atrás o lo empujan sin querer, su sistema nervioso juzga la situación como peligrosa y él responde sin ninguna mediación del razonamiento. Como el día que le estaba dando un postre al hermano y antes de que tenga tiempo de darme vuelta para abrir la heladera y darle uno a él, se enfureció por asumir que a él no le tocaba.

En esos momentos actúa agresivamente como un acto reflejo, y después de enojarse o pegar se da cuenta de lo que hizo. La mayoría de las personas quedan desconcertadas porque la reacción de Lucas es tan prematura que no ven la relación con lo que está ocurriendo.

El último grupo de detonadores en el mundo exterior son los objetos. Estos son los enojos más graciosos y desesperantes. Suena ridículo, pero por otro lado a todos nos pasa a veces: *"¡Esta baldosa rota asquerosa!"*, *"¡Esta punta de mesa maldita!"*. La diferencia con él es la frecuencia y el grado de enojo.

Lucas se enoja con el pantalón porque no sube, con los cordones porque no se atan, con el pan porque no se corta, con el agua por estar caliente, con la silla por no correrse... Miles de veces pega gritos terribles maldiciendo las leyes de la física, la teoría de la gravedad o la vida misma.

Piensa que esas dificultades le suceden solo a él, y en vez de juzgarlas como meros accidentes de la vida cotidiana, les asigna un valor que lo desregula severamente.

La segunda gran categoría de detonadores está en su mundo interior. Este tipo de enojos me resultó más desconcertante porque parecen surgir de la nada.

Al comenzar *mindfulness*, tomé conciencia de la gran actividad mental que tenemos a lo largo del día, y cómo esos pensamientos influyen en los estados emocionales. El agravante de Lucas es que su mundo interior tiene más fuerza y protagonismo que en otras personas. Esto da como resultado que sus pensamientos, imaginación, recuerdos y proyecciones desencadenen enojos tan fuertes como los que tiene por estímulos externos.

Al retarlo menos e indagar más, empezó a confiar en mí y esto me permitió entrar y entender su mundo interior.

2. Prevenir y disminuir las crisis

Cualquier interacción tiene dos partes. No puedo ser responsable de la suya pero sí modificar la mía. Como ya conté anteriormente, este principio se convirtió en mi mayor mantra.

Una vez que empezaba a enojarse, la responsabilidad de minimizar las consecuencias estaba en mí. Cada vez que se activaba su sistema de "lucha o huida" no era momento de enseñarle nada. Las herramientas para superar el enojo se las tenía que transmitir en momentos de calma.

Disminuir las situaciones de agresividad para que su organismo dejara de sufrir esos estados tan nocivos para él, era la prioridad absoluta. Para ello, tenía que usar todas las estrategias que estuvieran a mi alcance.

Cuando puse el acento en la parte de la interacción que me correspondía, descubrí dos aspectos de mis reacciones. Uno fisiológico, donde debido a las neuronas espejo me alzaba en pie de guerra. El otro mental, compuesto por las intenciones que le adjudicaba a sus comportamientos.

Mis enojos tenían los mismos componentes que los de él. Concientizar estos dos aspectos de mis reacciones emocionales me permitió dejar de perder el control.

Las neuronas espejo son un grupo de células que están relacionadas con los comportamientos sociales e imitativos. La misión de estas células es reflejar la actividad que estamos observando. Se activan cuando ejecutamos una acción u observamos a otro individuo. Permiten reflejar la acción del otro en nuestro propio cerebro. Esta sería una de las razones por la que automáticamente sonreímos al ver que alguien nos sonríe, o nos enojamos cuando vemos que alguien nos mira agresivamente. Es un acto reflejo responder a la emoción del otro de una forma similar. Al descubrir esta información, comprobé cómo al mirarlo enfurecido, antes de que yo misma me hubiera dado cuenta, mi expresión estaba transformada.

El desafío se convirtió en no dejarme contagiar. Deliberadamente, empecé a enviarle señales opuestas, como una forma de que él imitara la intención de mi rostro. Aunque era completamente contraintuitivo, cuando lo veía amenazador y agresivo, le respondía con una mirada de confianza. Esto producía consecuencias inmediatas, y muchas veces logré bajar su agresividad solo gracias a la expresión de mi rostro.

El otro aspecto de mi reacción frente al enojo lo generaban mis pensamientos: *"¡Mirá lo que le está haciendo a su hermano!"*, *"¿Cómo me va a faltar el respeto así?"*, *"¿Cómo me puede hacer semejante cosa?"*. Cuando dejé de poner el acento en mí y lo puse en él, vi que el enojo no era dirigido hacia alguien, sino que era un estado interno. Me costó trabajo conectarme con su experiencia y lo lograba solo al recordar el infierno que sentía al enfurecerme.

Los comportamientos agresivos son la consecuencia de un malestar y no surgen en función de herir al otro. Al entender la conducta de esta manera, mi manejo de las crisis mejoró.

Un punto muy importante para prevenir y disminuir la desregulación emocional era entender de qué manera actuar en los diferentes momentos de una crisis.

Al observar sus situaciones de agresividad en una escala de cero a diez, me di cuenta de que hasta que llega al tres tengo tiempo de recordarle estrategias para autorregularse. Cuando está entre tres y seis, tengo que redirigir las situaciones para aplacarlas; y del seis para arriba, solo aspiro a minimizar las consecuencias.

Si la mayoría de los chicos tardan en explotar el mismo tiempo que una pava de agua tarda para hervir, Lucas llega a ebullición diez veces antes. Eso significa que para ayudarlo tengo que estar muy atenta y actuar lo antes posible, adaptando la estrategia al momento en el cual llego a intervenir. Si él ya está a punto de hervir y yo vengo con herramientas para prevenir una crisis en vez de con ideas para minimizar las consecuencias, lo que voy a hacer no sirve de nada.

Describo algunas estrategias para los diferentes momentos de esta escala:

ANTICIPAR

La percepción es clave para descubrir las más mínimas señales de estrés y descontento. Muchos de sus malestares nacen de malinterpretar situaciones; al estar atenta a su modo de mirar el mundo, puedo darle explicaciones preventivamente que le dan otra forma de analizar la realidad.

Preguntarle directamente qué le pasa o qué quiere hacer diferente es otra herramienta que no había usado hasta ese momento, por temor a que sus respuestas fueran en contra de mis planes, o asumiendo que una solución satisfactoria para ambos no fuera posible. Esto me llevaba a la inflexibilidad y lo conducía a él hacia las conductas disruptivas.

Mi objetivo se convirtió en que se comunicara y sintiera que las palabras son más efectivas que las conductas. Cada vez que él expresa sus deseos de una manera adaptada, trato de que obtenga lo que quiere, asociando el diálogo a los resultados positivos.

Apenas veo un indicio de descontento, le pregunto: *"¿Vos cómo quisieras hacer?"*. Al saber cuál es su expectativa, le pido que piense una solución que tome en cuenta mis preocupaciones y sus deseos de una forma justa. A partir de esta idea, Lucas empezó a proponer soluciones más equilibradas de las que yo misma hubiera imaginado. No solo evito situaciones disruptivas sino que, además, le doy la responsabilidad de resolver conflictos.

Otra estrategia de anticipación es la flexibilidad en el grado de asistencia. Para evitar situaciones de enojo y estrés en tareas cotidianas, desde vestirse hasta levantar un juguete, tenía que adaptarme a las fluctuaciones en sus estados emocionales. Darle el grado de ayuda que necesitaba cada día en particular.

Hasta ese momento, había pensado que si un día se ponía las zapatillas solo, al siguiente también tenía que poder hacerlo, y si lo veía frustrarse lo dejaba gritando creyendo que así promovía su autonomía.

Descubrí que según su estado emocional o su actividad mental, las tareas cotidianas le generan distintos grados de dificultad. Esto no quiere decir que necesita ayuda sistemática para atarse los cordones, pero si está pensando una de sus historias le va a costar lograrlo. Si no lo ayudo, la situación genera una crisis innecesaria, donde su sistema nervioso se pone en guardia y lo deja más irritable.

REDIRIGIR

Gasté muchas palabras intentando que Lucas reflexione durante sus estados de enojo. Finalmente entendí que una vez superado cierto punto de la escala, no es capaz de razonar. En ese momento ya no se trata de dialogar con su mente sino de calmar su organismo. Para esto tengo que redirigir su atención.

Empecé a usar todo tipo de herramientas que le resultaran atractivas. En los momentos de crisis, mientras él me insultaba, yo le ofrecía algo rico para comer, un helado, el teléfono o volver a jugar a casa.

Esta técnica me ayudó enormemente a manejar situaciones críticas en espacios públicos. Hasta ese momento, cuando se ponía violento lo perseguía para que no se fuera corriendo por la calle, o lo arrastraba para sacarlo de un lugar. Estas situaciones dejaban huellas traumáticas para él y todo su entorno.

Al descubrir lo fácil que era lograr atraer su atención hacia otro objeto para sacarlo de muchas crisis, me sorprendí tanto que me enfrenté a mi propio prejuicio: *"Está completamente fuera de control, y cuando le ofrezco jugar a los jueguitos se calma inmediatamente. Me está manipulando"*.

Decidí evaluar esta teoría para saber si el redirigir mi atención podía sacarme de un estado emocional. Corroboré que si, por ejemplo, me peleo con una amiga, me quedo pensando en el problema, angustiada, pero al escuchar una muy buena noticia me cambia el humor. La emoción que sentí hasta ese momento estaba alimentada por mis pensamientos; cuando otro evento lo suficientemente atractivo cambia el foco de mi atención, mi estado emocional se modifica. De no haber tenido esa noticia, mi angustia hubiera seguido creciendo.

Así abandoné la idea de pensar que era una cuestión de chantaje o manipulación lograr calmarlo con propuestas atractivas. Redirigir su atención era una herramienta útil, y decidí usarla en momentos críticos. Ahora logramos salir rápidamente de crisis que antes nos tomaban horas.

ESPERAR

Cuando llega a los niveles más altos de esta escala, tiene conductas que lo ponen en peligro a él y a su entorno.

Hasta hace un tiempo, por mi falta de estrategias, cada situación de crisis terminaba en este punto traumático.

Actualmente sucede pocas veces, pero a pesar de los esfuerzos hay ocasiones en que llegamos a este punto. Cuando ocurre, es importante identificar cuál es la mejor manera de calmarlo. Hay oportunidades en que la mejor intervención es simplemente darle espacio y tiempo. Cuando se encierra en su cuarto o adentro de un placard o abajo de una mesa, lo único que quiere es estar solo. Toda palabra o contacto empeora la situación. Aprendí que hay veces en que lo único que puedo hacer es dejar pasar quince o veinte minutos. Este tiempo es muy importante para que el organismo vuelva a un estado normal, se calmen la respiración y los pensamientos, actuando como un remedio mágico que lo recupera de la peor de las crisis.

3. Desarrollar la regulación emocional

Mindfulness y la terapia cognitivo-conductual me enseñaron a ver el enojo sin estigmatizarlo, aceptarlo como una emoción más. El desafío reside en encontrar maneras saludables y adaptadas de expresarlo.

Muchas veces, el enojo nace en el cuerpo sin que podamos ser conscientes de él. Pero una vez que vemos sus señales (aceleración del ritmo cardíaco y la respiración, tensión de los músculos), se alimenta de los pensamientos que lo hacen crecer y afirmarse. En uno de los libros que tenemos sobre terapia cognitivo-conductual para niños, se compara el enojo con una aspiradora, una especie de tornado que te chupa.

Debía aprovechar los momentos de calma para preparar a Lucas a vencer esos huracanes. Este sería un proceso lento y paulatino. El primer paso fue que percibiera y aceptara su dificultad; luego, incorporar herramientas ligadas a controlar su cuerpo y su mente.

Una de las tantas actividades que desarrollé para que tome conciencia de sus desafíos fue seleccionar videos que lo familiaricen con las diferentes partes del cerebro. Aprendió qué era el sistema de "lucha o huida", las neuronas espejo y el sistema nervioso autónomo. También vimos documentales que explicaban las consecuencias del estrés en el cuerpo. Pudo ver cómo mucha gente sufre de problemas similares que tienen consecuencias destructivas en sus vidas y las de sus seres queridos.

Una vez que reconoció sus enojos, empezó a decir que era malvado, que sus actos eran de un demonio. Entraba en círculos negativos de vergüenza y culpa. Le repetía una y otra vez que no tenía nada que ver con la maldad, sino que a veces su sistema nervioso respondía más rápido que su cerebro. Poco a poco comenzó a dejar de juzgarse, sacándose el propio estigma de encima. Al comprender que entraba en el estado de "lucha o huida" demasiado rápido y seguido, pudo encontrar una explicación y comenzar un proceso de aceptación.

Hasta ese momento, cuando Guido se le acercaba por detrás para preguntarle algo, Lucas se daba vuelta para pegarle de una forma automática. Al empezar a reconocer este estado de hiper alerta, decía: *"¡Mirá qué reactivo que fui! Solo me quería avisar que íbamos a comer"*.

Cuando dejó de juzgar moralmente sus conductas, se sacó un gran peso de encima.

Controlar el enojo implica dos aspectos diferentes y conectados, el del organismo y el de la mente.

Para detener un gran enojo, es necesario reconocer los signos de un pequeño enojo. Por ejemplo, que se cierran los puños, la presión de la mandíbula, el ceño fruncido. Algunas personas tienen más dificultad que otras para percibir estas variaciones en su cuerpo. Cuando no las reconocen, el enojo aumenta como un volcán en erupción, hasta que ya es demasiado tarde para evitar las consecuencias.

La clave para tomar control es descubrir las primeras señales de irritación y no dejarlas crecer. Para esto se debe tener un registro del propio cuerpo, reconocerlo en estado calmo. Saber cuál es el tono de los músculos, la respiración y frecuencia cardíaca habitual. De esta forma se puede reconocer el momento en que estos parámetros se alteran. Los cambios en la tensión muscular, en la respiración o en los latidos anuncian que un estímulo los alteró. Diferentes técnicas de respiración y relajación ayudan a retornar al estado de calma.

Lucas comenzó a trabajar en su conexión con el cuerpo a través de encuentros de danza y de yoga que organizamos en casa. También practicamos ejercicios para percibir y manejar los diferentes grados de tensión o relajación que pueden tener los músculos. En un juego que inventamos, le voy diciendo un número del cero al cinco. Cero representa la relajación total y cinco el máximo de tensión, y él va regulando su tono muscular en función de esa escala.

Otro ejercicio que hacemos es mirarnos en un espejo y observar qué músculos de la cara se tensan cuando representamos la expresión de diferentes emociones.

Existen muchos juegos de *mindfulness* dirigidos a los niños que mejoran la conciencia del cuerpo, permitiendo percibir sus cambios y aumentar la capacidad de autorregularse.

El otro aspecto del enojo es el mental. Se cree que tenemos alrededor de cincuenta mil pensamientos por día. La mayor parte pasan de una forma inconsciente por nuestra mente. Sin embargo, muchos de ellos van modificando nuestros estados emocionales.

La clave para entender el origen de nuestras variaciones anímicas es poder conectarlas primero con el pensamiento que las está originando. Para lograrlo, hay que aumentar la cantidad de pensamientos que podemos identificar.

En los momentos de enojo, la mente genera un relato de la realidad que aumenta nuestra emoción. La práctica de *mindfulness* propone "ver los pensamientos que pasan como nubes sobre el cielo", los cuales puede dejar ir sin identificarse emocionalmente con ellos. Para esto, hay que fijar la atención en la respiración, percibiendo las sensaciones corporales que genera el aire que entra y sale del cuerpo.

Esta práctica mejora la metacognición: la capacidad de pensar sobre los propios pensamientos. También enseña a tomar distancia de los pensamientos para evaluarlos y relativizar la veracidad de sus propias ideas: *"¿Es cierto que lo hizo a propósito? ¿Es verdad que tengo que seguir con esto hasta que me salga?"*.

Otra técnica que explora *mindfulness* es investigar con curiosidad cuál es la emoción que se esconde debajo del enojo, ya que este deriva de otras emociones primarias como la frustración, el miedo o la vergüenza. Poder enunciar la emoción que generó el enojo reduce la intensidad de la experiencia.

Para practicar estas técnicas, es importante familiarizarse con ellas en situaciones de calma. A medida que se incorporan estas herramientas, es posible usarlas en situaciones más intensas.

Llevar a la práctica estas ideas fue un proceso lento. Al desarrollar en mí las mismas habilidades que quería promover en él, pude reconocer las diferentes etapas por las que los dos pasábamos.

1. **Aprendizaje:** es el período para recibir conocimientos, saber por qué se producen las cosas, encontrar explicaciones y reconocer que existe otra manera de percibir la realidad. También es el período para incorporar estrategias que enseñen cómo manejar lo que nos sucede.

2. **Conciencia:** es cuando se gana la capacidad de observar los comportamientos, estados emocionales y pensamientos propios y de los demás. En este período se empiezan a registrar las conductas que hasta ese momento se producían de un modo automático.

3. **Culpa:** sabemos más de lo que podemos poner en práctica. Esto nos lleva a sentirnos frecuentemente disconformes con nosotros mismos. Esta es la etapa en la que los conocimientos cognitivos superan las capacidades emocionales.

4. **Cambio:** empezamos a utilizar formas de comportamiento nuevas en situaciones que no son muy intensas emocionalmente. Logramos ver en los otros la manera en la que podrían reaccionar de modo más "adaptado".

5. **Autocompasión:** hay momentos en los que podemos controlar las emociones o actuar de una manera que nos genera orgullo, pero hay otras situaciones donde

nos comportamos igual que antes. En estos momentos, el sentimiento de culpa llega más fuerte que nunca, ya que estamos en un proceso de cambio. Es muy importante que nos recuerden y nos recordemos que es normal equivocarse. Es necesaria mucha práctica antes de poder aplicar los nuevos comportamientos en situaciones difíciles.

6. **Generalización:** los nuevos modos de pensar, sentir y comportarse se pueden trasladar a los momentos más críticos e intensos.

Finalmente, al tener un hijo con características que lo predisponen a la impulsividad, el resentimiento, la venganza y la agresividad, decidí invadirlo de ejemplos de pacifismo, perdón y conciliación. Mostrarle la vida de personas que, incluso sufriendo injusticias terribles, hayan decidido perdonar y construir desde la paz.

En la escuela, en la televisión y en la sociedad en general encontraba lo opuesto: *"Si vos me hiciste esto, yo te devuelvo lo mismo".* Cambié radicalmente mi actitud frente a la violencia: *"Cada vez que vos muestres agresividad, te respondo con amor".*

Gracias a todos estos cambios y herramientas, las situaciones de agresividad disminuyeron de una manera que ninguna medicación logró.

Le conté a Lucas que estoy escribiendo un capítulo
sobre la agresividad y me dijo que él quería dictarme
algo para que estuviera en el libro:
"Cuando estoy enojado no puedo pensar en nada
y mi cerebro no reacciona, y solo estoy enojado.
Para los que están leyendo este libro, padres y niños,
quiero recomendarles que cuando su hijo está enojado
tienen que darle un momento de privacidad para
que él pueda calmarse antes de poder escucharlos.
Si estás eligiendo la opción de hablarle, estás haciendo
algo que puede empeorar la situación, porque su cerebro
solo está reaccionando de la forma enojada. Cuando veas
que se va al baño a esconderse o a encerrarse a su cuarto,
miralo por un momento y no lo sigas, ni le hables.
Lo que tenés que hacer es dejarlo ir. Te lo voy a explicar
de esta manera, imaginemos esto: cuatro mil años atrás,
una mamá dinosaurio le está diciendo a su hijo
que trate de calmarse y él responde: "No, mamá,
no me quiero calmar, vos sos una maldita".
Entonces se va a su habitación y la mamá dinosaurio
lo sigue, y lo sigue y lo sigue. Después la mamá
está cansada y también se enoja con él.
Entonces todos se pelean".

Suena el celular, es un llamado de la escuela para
que vaya a retirar a Lucas. "Tuvo una crisis de la nada,
se escondió en un baño, logramos que saliera y está
en una esquina del aula, llorando".

Salgo inmediatamente, sabiendo que nunca es de la nada.

Lucas está en una esquina del aula leyendo Mafalda
al lado de la integradora. El resto del grupo se había ido
a natación y él no quiso. La integradora me cuenta
lo que pasó: "Salió para ir a la sala de computación
pero estaba cerrada, bajó a buscar su iPad y como no
lo encontró, se enojó y se escondió en un baño.
Logré que volviera a entrar al aula, pero él no quería
que esté cerca suyo, así que se quedó con la maestra.
Al rato se frustró por la actividad que estaban haciendo
y empezó a llorar y gritar de nuevo".

Cuando Lucas me ve, me dice que le preocupa que sus
compañeros tengan miedo de él. "Ayudame a explicarles
por qué soy así". Me siento en el piso y le propongo
respirar para calmarse antes de hablar con ellos.
"No entiendo para qué me sirve respirar". Le contesto:
"Así entrenás tu cuerpo y tu mente para que tengan
más tiempo de pensar antes de reaccionar".

Respira dos veces. "¿Me das el teléfono para jugar?".
Vuelve a enojarse y revolcarse por el piso cuando
le digo que no. Insisto en respirar para que se calme.
"Vos no me vas a decir qué hacer".
Me amenaza poniéndome la mano en el cuello,
me esfuerzo en mantener una expresión neutra y el cuerpo
tranquilo, evitando defenderme. Esta actitud lo deja
tan sorprendido que se detiene inmediatamente.

Al verlo tan inestable y alterado me parece mejor
llevarlo a casa, sigue muy preocupado por la imagen
que sus compañeros tengan de él.

Salimos de la escuela, nos subimos al auto y vuelve
a pedirme el teléfono. Ante mi negativa y su furia, intento
calmarlo diciéndole que se lo puedo dar en una hora.
"Sos mala", de nuevo me amenaza con ahorcarme.
Al llevar mi atención a mi propio cuerpo, observo que
aunque intento mantenerme tranquila, esta vez su gesto
me produce miedo. Me controlo para no reaccionar contra
él y no puedo evitar llorar. Él sigue enojado y diciendo
"sos mala". No quiero que se quede resentido conmigo,
cuando se encierra en sí mismo no tengo acceso para
ayudarlo. "Si vos pensás que el teléfono es tan importante
como para amenazarme y decirme las cosas que me
dijiste, te lo doy ahora".

Se queda mirándome sorprendido y se calma.
"No lo voy a usar porque no lo merezco, estuvo mal

lo que hice y soy un idiota". Le digo que no es así, que tiene que aprender cómo tomar control de sus emociones.

Cuando llegamos a casa le muestro videos sobre la regulación emocional, los efectos positivos del yoga y la meditación.

Durante la mañana, le cuento a Lucas que mi idea para el taller de mindful es trabajar sobre la relación entre los pensamientos y el cuerpo.

A la tarde voy a la escuela, llego a su aula en la última hora y en cuanto todos se sientan en círculo, incluida su maestra, Lucas me interrumpe y les propone visualizar un limón. Lo dejo guiar el encuentro mientras veo cómo su idea es perfecta para experimentar lo que le había dicho más temprano.

Todos cierran los ojos y comentan las sensaciones que les produce en la boca y en el cuerpo.

Mientras sigo dándoles información y escuchando sus preguntas, Lucas se para y empieza a caminar por atrás mío jugando a peinarme de maneras raras con las hebillas que tengo en el pelo. Observo que su maestra está muy incómoda pero se contiene de retarlo.

Por momentos, termina de ponerme las hebillas
de alguna forma y se para enfrente mío para mirar cómo
me queda el peinado. Todos se ríen un poco. Sé que
si no estuviera guiando el taller, la maestra le pediría
a Lucas que salga del aula. Sigo con la actividad mientras
pienso cómo trabajar con lo que está sucediendo.
Finalmente les digo: ¿Se acuerdan que la semana pasada
hablamos de encontrar el lado positivo en cada cosa?
Pensé cuál sería ese lado ahora. Ustedes saben que estoy
haciendo mindful desde hace un tiempo, entre otras cosas,
para poder dirigir mi atención; por eso estoy logrando
seguir concentrada a pesar de lo que está haciendo Lucas.
Me di cuenta de que también es un buen desafío para
ustedes seguir concentrados en lo que estamos diciendo
a pesar de lo que hace Lucas".

Los chicos asienten contentos y me sirve de pie
para preguntarles si en los últimos días tuvieron
situaciones negativas a las que habían podido encontrar
un lado positivo. Todos empiezan a levantar la mano
para participar.

Lucas sigue jugando con mi pelo; unos minutos antes
de terminar para y les dice: "Bueno, ya está. Lograron
superar el desafío de mantenerse concentrados en la cara
de mamá y no en el pelo. Dense un aplauso a ustedes
mismos". Los compañeros empiezan a aplaudir muy
contentos mientras la maestra no puede ocultar
su cara de sorpresa.

Cuando termina de jugar con Guido, se queda solo
conmigo tomando la merienda, y le cuento que la maestra
me citó para hablar sobre el poco tiempo que pasa
dentro del aula. Le digo que necesito su ayuda para
encontrar una solución.

Se queda un rato en silencio. "Mamá, a mí también
me preocupa, pero no sé cómo solucionarlo".

Le pido que piense qué le impide estar.
"Es que me aburre lo que enseñan. Yo quiero programar
en la computadora. Me di cuenta de que mi sueño
es crear juegos educativos combinados con no educativos.
Desde muy chiquito tengo mucha imaginación y pensé
que la puedo usar para eso".

Le contesto que es una excelente idea y que las cosas
que aprenden en la escuela le pueden servir para
programar y diseñar los juegos. "¡Ya sé, tengo una idea!
Llevo un nuevo reloj y me quedo la mitad del tiempo
en el aula y la otra mitad voy a la sala de computación
a programar juegos con las cosas que están
aprendiendo en el aula".

CAPÍTULO 8

La escuela

Todos somos genios.
Pero si juzgas a un pez
por su capacidad de trepar árboles
vivirá toda su vida
creyendo que es un tonto.

ALBERT EINSTEIN

a escuela es el parámetro a través del cual juzgamos el futuro de nuestros hijos. Si les va bien, pensamos que van a ser exitosos en sus vidas; si les va mal, profetizamos su fracaso.

Mi hijo no encajaba dentro del formato escolar, pero intenté con todas mis fuerzas que se pudiera adaptar. Mi preocupación era grande y constante, sintiendo que caminábamos al borde de una pendiente, y que a cada paso podíamos caer en el precipicio de la exclusión.

Durante los primeros dos años de la escuela primaria, había dejado la educación de Lucas en manos de sus maestros y equipo de integración. A tal punto que, mientras no recibía un llamado de la dirección pidiéndome que lo retirara a causa de alguna crisis, me daba por satisfecha. Me conformaba con que pudiese permanecer en el espacio escolar. Cuando abandoné el tratamiento formal me enfoqué en entender qué sucedía en cada ámbito de su vida, y la escuela era un espacio primordial. Quise saber cuál era el rol de cada persona que interactuaba con él, de qué manera ellos concebían su problemática y qué hacían para ayudarlo.

Lamentablemente, descubrí más incertidumbre que conocimiento y más incomunicación que coordinación, pero al mismo tiempo me convencí de que, a pesar de todas sus falencias, la escuela era el verdadero espacio de integración. El lugar donde Lucas podía generar amistades y donde muchos maestros, a pesar de las dificultades del sistema, trabajaban con dedicación cotidiana.

Había elegido mi gran batalla. Sostener su escolaridad se convirtió en mi objetivo prioritario, y para ello decidí interiorizarme profundamente con la institución escolar y sus objetivos.

Hasta ese momento, la había considerado como un espacio que existió siempre y que era completamente imprescindible para que un niño se eduque. Sin embargo, tal como la conocemos, fue creada con el inicio de la Revolución Industrial y pensada para responder a las necesidades laborales de esa época, en la que se requería una clase trabajadora uniforme y disciplinada. El modelo de escuela de fines del siglo XIX, que es el mismo que seguimos teniendo, quedó completamente obsoleto. Ni sus metodologías de estudio, ni sus contenidos, ni su estructura evolucionaron a la velocidad que lo hizo la sociedad. Este modelo educativo espera que los niños aprendan los mismos contenidos de una forma similar en el mismo momento, no hay lugar para las individualidades.

La escuela se creó para preparar a las personas dentro de un abanico profesional limitado, sin tener en cuenta su desarrollo emocional ni sus talentos individuales; pero incluso ese espectro profesional para el cual formaba (arquitecto, abogado, ingeniero, contador) también se transformó completamente.

Ken Robinson dio una de las charlas TED más vistas de la historia, llamada *"¿La escuela mata la creatividad?"*, en la cual plantea el problema de que la escuela de hoy prepara a los niños para el trabajo que existió ayer.

Quise formarme una opinión personal sobre qué modelo de educación aspiraba para mi hijo. Descubrí que muchas prácticas escolares que me mortificaban y que tenía asimiladas como imprescindibles ya eran reconocidas obsoletas. Las neurociencias, cada vez más presentes en la educación, demostraron su total inefectividad. Algunos ejemplos eran la tarea para el hogar, las evaluaciones con puntaje o la duración actual de los módulos de clase. Sin duda, uno de los mitos más importantes que se derribó es el concepto de que la educación y el aburrimiento deben ir de la mano. Cuántas veces habremos escuchado *"A la escuela no vas a divertirte, vas a aprender"*. Sin embargo, la verdadera adquisición de conocimientos debe estar asociada a experiencias positivas y relevantes. El aprendizaje traumático solo lleva a que los niños se alejen de la educación. Cuando termina la obligatoriedad escolar, al no tener el deseo intrínseco de aprender, abandonan su formación.

La escuela de hoy debe tener un rol completamente diferente al que tuvo para la generación anterior. En la era digital, donde los contenidos son accesibles a cualquiera, los conocimientos relevantes son otros. Un gran porcentaje de información que los chicos aprenden actualmente es inútil para su futura vida profesional, mientras que la mayor parte de los conocimientos que tendrían que aprender, desde lenguajes de programación hasta habilidades de concentración, no están en las currículas. Tampoco se cultivan cualidades como la creatividad, la resiliencia o el trabajo en equipo.

Muchas familias peleamos a diario con nuestros hijos para obligarlos a estudiar de formas aburridas contenidos obsoletos, aterrorizados de que si no lo hacemos limitamos sus posibilidades laborales para el futuro.

Cuando tomé conciencia de todas estas incongruencias del sistema actual, miré el éxito escolar con otros ojos. Comprendí que tener las aptitudes que requería la escuela no significaba que mi hijo fuera a estar preparado para su futuro laboral, y menos aún para convertirse en una persona plena.

Entendí que las verdaderas capacidades cognitivas, sociales y emocionales de un niño no pueden ser medidas con los parámetros de la institución, ya que la escuela no las cultiva ni las evalúa, sino que se dedica a premiar la acumulación de conocimiento a través de la memoria y la obediencia.

Llegué a la paradójica conclusión de que el éxito escolar y estar educado no eran sinónimos. Advertí que debía desarrollar mi propia "agenda" y, al mismo tiempo, ayudarlo a navegar su trayectoria escolar, en la cual iba a enfrentarse a muchos contenidos inútiles pero en donde también podía aprender a relacionarse con otros.

Mi desafío era doble. Por un lado, lograr que se integrara en el sistema actual para generar vinculos; por el otro, encender el verdadero motor del aprendizaje: *la curiosidad.*

Un maestro está a cargo de un promedio de veinte alumnos en un grado; sin embargo, cualquier persona que trabaje con niños sabe que es imposible ocuparse de una forma individualizada de más de cinco o seis. Situaciones organizativas, como que uno de ellos se descomponga y tenga que llevarlo al baño, deja solos a los otros diecinueve. Desde el punto de vista académico, tampoco es posible trabajar con tantos niños. Cuando uno de ellos requiere la mínima asistencia extra, su participación en el sistema escolar se pone en peligro.

Para que un niño con necesidades más acentuadas (dificultades emocionales, sociales, físicas o de aprendizaje) pueda estar en el sistema escolar, requiere "integración"; así se denomina al acompañamiento individualizado de ese niño por un adulto.

Cada niño puede necesitar un acompañante por razones diferentes: una limitación física que requiere asistencia (como el manejo de una silla de ruedas), retraso en el ritmo académico o asistencia para navegar las situaciones sociales.

Me llevó mucho tiempo elaborar esta simple explicación sobre la función de la integración. Pasé años sin entender por qué mi hijo tenía que asistir con un maestro integrador, y pensando que el día que ya no lo tuviera, sería normal. Finalmente entendí que la integración escolar es el resultado de un sistema educativo que carece crónicamente de personal y que no asimila la neurodiversidad.

Hasta que la escuela no se transforme de una manera estructural e incluya la diversidad como la norma y no como una excepción, los maestros integradores van a ser cada vez más numerosos, ya que cumplen la función de sostener a cualquier niño que no pueda adaptarse a la uniformidad del sistema. Lamentablemente, la sociedad por el momento sigue pensando que no poder amoldarse a esa uniformidad es sinónimo de estar enfermo.

El sistema educativo tiene gabinetes psicopedagógicos a los cuales las autoridades de las escuelas se refieren cuando observan que un niño necesita asistencia extra. Estos gabinetes derivan el caso a los maestros integradores del distrito. Como la cantidad de casos sobrepasaba dramáticamente al personal disponible, en 2013 se sancionó la legislación para incorporar maestros integradores privados al sistema de educación pública. A partir de ese momento, un niño con diagnóstico de trastorno del espectro autista puede asistir a la escuela con su propio acompañamiento.

En la práctica, todos denominan "integrador" a la persona que acompaña al niño a la escuela cotidianamente. Este profesional puede ser psicopedagogo, psicólogo o maestro de educación especial. Sin embargo, formalmente desde el sistema educativo se la denomina acompañante personal no docente (APND). La función formal del APND es la de acompañar al niño y poner en práctica las adaptaciones que los maestros integradores del ministerio de Educación proponen. La realidad es que los maestros integradores incorporados al sistema son muy pocos, y los tiempos de intervención de la institución son tan lentos que pueden pasar años hasta que el niño tenga un proyecto pedagógico individualizado (PPI). En la práctica, los centros privados que coordinan el trabajo de los integradores (APND) desarrollan estas adaptaciones, sin embargo es muy difícil que estas se implementen, porque no hay tiempo previsto dentro del sistema educativo para que el maestro de grado tenga reuniones con este equipo de trabajo externo.

La complejidad y burocracia hacen que la mayoría de los padres de niños con integración, e incluso las autoridades de las escuelas, desconozcan todos estos mecanismos, nadie sabe exactamente de quién es la responsabilidad de hacer qué, reduciendo el trabajo de los acompañantes a una asistencia cotidiana sin objetivos pedagógicos claros.

Hay dos opciones para contratar a un maestro integrador. Una es de manera directa, en la que los padres se ponen en relación con los profesionales; la otra es a través de un Centro de Integración Escolar (CIE). Estas instituciones se encargan de hacer la búsqueda del profesional, diseñar los objetivos pedagógicos y supervisar cotidianamente el trabajo del maestro integrador.

El centro de integración que acompañaba a Lucas tenía la siguiente mecánica de trabajo: la maestra integradora presentaba reportes semanales de la jornada escolar a una supervisora. Cada dos meses, la psicopedagoga y la supervisora se reunían conmigo para hablarme de estos informes, y un par de veces al año se reunían con la maestra de grado para comunicarle estrategias y adaptaciones pedagógicas.

Cotidianamente, Lucas tenía conflictos de los que había que hablar y buscar soluciones. Veía a la maestra integradora todos los días a la entrada y salida de la escuela, sin embargo mi comunicación con ella tenía que ser a través de la supervisora pidiendo una reunión, que la dificultad de coordinar horarios hacía frecuentemente imposible pactar. A toda esta compleja mecánica de trabajo, había que sumar el equipo que se ocupaba de curarlo, y que no tenía tiempo de comunicarse con los que se ocupaban de educarlo.

A mediados de tercer grado, la integradora de Lucas tuvo que renunciar por razones personales de una manera repentina. El centro de integración no pudo conseguir un reemplazo de manera inmediata en ese momento del año. La escuela no estaba en condiciones de recibirlo sin una persona que lo ayudara, y sabiendo lo difícil que sería retomar la rutina si quedaba desescolarizado, propuse ocupar el rol de la integradora hasta conseguir un reemplazo.

Durante cuatro semanas lo acompañé en su jornada escolar, observando la institución desde adentro y viendo con mis propios ojos qué adaptaciones tanto cognitivas como sociales necesitaba. Durante ese tiempo también constaté que era más fácil para mí, como madre, que para el centro de integración, comunicarse con los maestros y autoridades de la escuela. Los centros de integración son todavía un interlocutor nuevo en la escena, sin un lugar propio de interacción con el sistema educativo.

Esta razón fue la última de muchas, y finalmente decidí abandonar el centro de integración. Esta decisión fue otra gran responsabilidad que asumía después de haber dejado el tratamiento terapéutico unos meses antes.

Decidí buscar y contratar una maestra integradora de forma directa, abocando mi energía a desarrollar un diálogo fluido con la persona que estaba al lado de mi hijo cada día. Mi experiencia me había convencido de que equipos demasiado grandes y burocráticos generaban en Lucas más perjuicios que beneficios. En el ámbito escolar también teníamos que diseñar su "traje a medida".

En esta nueva etapa escolar comencé por desligarme del diagnóstico que había sido, como en el cuento de Hans

Christian Andersen, un traje invisible que todos nombraban y que nadie podía ver; una palabra que nadie quería admitir no comprender, por miedo a que fuera un signo de poca inteligencia.

Cuando comencé a hablar de Lucas en particular y no de un diagnóstico, pude levantar el misterio que lo cubría en todos los ámbitos de su interacción escolar.

Al haber definido que mi prioridad escolar eran las relaciones sociales, pude comunicar a su entorno las habilidades que tenía que desarrollar. Algunas de estas eran la paciencia, la flexibilidad, el contentamiento y la empatía. Concentré la integración de Lucas alrededor de tres ejes: *la comunicación*, *el cambio de mirada* y *las estrategias específicas*.

1. La comunicación

Me llevó varios años familiarizarme con la naturaleza de las dificultades emocionales. Por eso considero normal que otras personas las desconozcan por completo y piensen, como yo también lo hacía, que si un niño tiene conductas disruptivas es porque no quiere portarse bien, o porque no lo educan como se debe. Entendí que la única manera de reemplazar estos prejuicios era con información. El punto de partida de su proceso de integración tenía que ser que las personas que formaban parte de la comunidad escolar compartieran una mirada sobre él.

El primer eslabón de la integración es la aceptación de los pares dentro del grupo. Para que sus compañeros no pensaran que Lucas estaba loco o era un caprichoso, tenía que cambiar la percepción de sus familias sobre el tema.

La institución escolar, a causa de una política de privacidad, no habla con los otros padres sobre los chicos que tienen integración. Todos entienden la necesidad de un asistente al ver un niño en una silla de ruedas, pero cuando hay una dificultad emocional, social o de aprendizaje, ni los niños ni sus padres son informados sobre la problemática de ese alumno.

Como madre de un chico con comportamientos agresivos me sentía avergonzada y fui poniendo distancia con otras familias por no saber cómo abordar ciertas situaciones, generando lentamente una autoexclusión.

Cuando Lucas empezó tercer grado, aunque había sido parte de ese grupo desde que empezaron la primaria me di cuenta de que no conocía a nadie. Lucas no me nombraba a los chicos ni me pedía invitarlos a jugar y tampoco lo invitaban a él.

Decidí acercarme al resto de las familias enviando un mensaje a todo el grupo, en el que explicaba que Lucas tenía problemas en el área socioemocional y que estaba a disposición de cada uno de ellos para darles más detalles sobre cuáles eran sus dificultades específicas y cómo sus hijos se podían relacionar con él. A lo largo del año también les compartí información sobre la regulación emocional, las funciones ejecutivas o el sistema de "lucha o huida". A partir de ese momento, se creó un canal de diálogo cada vez más fluido. La respuesta de las familias fue hermosa. Me brindaron su apoyo y apreciaron la información.

Algunas madres me contaban que los textos que les compartía también les eran útiles con sus hijos. Aunque en diferente medida, ellos también necesitaban aumentar su tolerancia a la frustración, su concentración o paciencia. Al entender que muchas de las reacciones de Lucas eran desproporcionadas en grado pero similares en naturaleza a las de cualquier niño, los padres y madres del grado dejaron atrás el fantasma de un diagnóstico misterioso y lo incluyeron como uno más dentro del grupo. Al cambiar la percepción de los padres, esta se trasladó a la tolerancia que tenían sus hijos.

Desarrollar un canal de comunicación con la institución escolar fue más complejo. La persona más importante en el desafío escolar era su maestra de grado; su sensibilidad y predisposición eran claves para desarrollar un vínculo con Lucas que después permitiera trabajar los contenidos.

La maestra tenía que abordar la educación socioemocional de los chicos antes de poder ocuparse de los objetivos pedagógicos, y esto era tan cierto para Lucas como para el resto de sus compañeros, que muchas veces no podían aprender porque tenían vergüenza, celos, enojos, tristezas, baja autoestima, falta de atención o excesiva competitividad. Me enfoqué en darle la información, ideas y herramientas que pudieran apoyar su trabajo.

Los maestros especiales (Plástica, Tecnología, Inglés, Educación Física, Música y Computación) tienen una pequeña carga horaria con el grado, pero al sumar todas estas horas se convierten en un porcentaje importante del tiempo escolar; sin embargo, estos maestros no tienen asignados momentos para reunirse con padres. Para informarlos, tuve que preparar material escrito que les diera la flexibilidad de leerlo cuando pudieran. El texto tenía información general sobre las características del diagnóstico, detalles sobre las áreas en las que presentaba dificultades, las que lo convocaban, una lista de estrategias para relacionarse con él y consejos para desescalar una crisis.

Aunque muchos maestros lo conocían desde hacía varios años, me agradecían la información y me decían que nunca nadie les había explicado nada.

Para comunicarme con las autoridades creé una carpeta con artículos que ayudarían a comprender diferentes aspectos de sus problemáticas: "Qué son las funciones ejecutivas", o "De qué manera la ansiedad se manifiesta en los niños", junto con estrategias concretas que había seleccionado de diferentes libros.

El otro canal de diálogo clave que necesitaba desarrollar era con la maestra integradora (APND). Al comenzar a trabajar de una forma directa, pude desarrollar una comunicación cotidiana con ella.

Lucas rara vez me contaba lo que hacía en la escuela, y tampoco le contaba a ella sobre lo que pasaba en casa; sin embargo, las experiencias que vivía en un lugar explicaban muchas reacciones emocionales que de otra manera eran incomprensibles. Por mil razones, la entrada y salida de la escuela no era un buen momento para hablar: llegábamos tarde, Lucas estaba enojado, pero sobre todo, no le gustaba que habláramos de él cuando estaba presente. Le propuse comunicarnos diariamente a través de un mensaje de audio. Antes de que entrara le contaba las cosas que le habían sucedido, las actividades que había realizado, los intereses que había tenido en mente y su estado de ánimo, y ella hacía lo mismo al terminar la jornada.

De esta forma, la integradora no solo podía anticipar su estado emocional sino que, además, creaba estrategias a partir de las motivaciones que Lucas tenía ese día en particular. Si yo le contaba que esa mañana había estado muy interesado en la velocidad de la luz, en el momento en que ella lo veía aburrido le proponía investigar en la biblioteca sobre ese tema. Esta simple práctica de pasar un informe verbal previo y posterior a la jornada escolar fue una estrategia que mejoró notablemente la cotidianidad en ese ámbito.

2. El cambio de mirada

En vez de poner el acento en cambiar a Lucas, decidí cambiar la manera en que los demás lo veían a él. Modificar el modo en que lo percibían se convirtió en la forma de que él confiara en su propio potencial.

Esta idea se me ocurrió al leer un estudio llamado *"Efecto Pigmalión"*, que realizó en 1964 el profesor de Harvard Robert Rosenthal. El estudio consistió en decirles a los maestros de una escuela que una parte de los chicos de su clase estaban destinados al éxito. Les comunicó que Harvard había diseñado una prueba que podía predecir qué alumnos estaban predipuestos a tener un crecimiento dramático en su nivel intelectual en los siguientes meses. Después de tomar la prueba a todos los chicos de una clase, Rosenthal eligió a un pequeño grupo que no se diferenciaba en nada del resto y dijo a sus maestros que estos niños tenían un nivel de inteligencia mayor a los demás.

Al seguir el desarrollo de ese grupo durante los siguientes dos años, descubrieron que la expectativa que habían generado sus maestros realmente los había afectado. Sin ser conscientes, los maestros habían modificado sus interacciones cotidianas con esos alumnos de miles de maneras invisibles: les daban más tiempo para contestar preguntas, más devoluciones específicas y más aprobación, sonreían y asentían a sus observaciones. A largo plazo, estas diferencias modificaban el desarrollo intelectual y el éxito escolar.

Todos nos ponemos etiquetas. Los buenos para los números, los malos para la historia, a veces se forman desde niños por la falta de talento natural en una disciplina o por la percepción subjetiva de un adulto que nos condiciona.

Empecé por analizar las mías y ver a qué comportamientos me habían llevado. Desde chica escuché una y otra vez que era mala para la música, y paulatinamente me alejé de ella. Nadie mejora sin estudiar y practicar, y con el tiempo confirmé mi etiqueta. *"Si llamas a un perro muchas veces con un determinado nombre, tarde o temprano te responderá"*, dice el refrán popular.

En la escuela, los chicos se ponen etiquetas muy rápidamente. A veces estas nacen porque un compañero o un maestro les hace un comentario, y con el tiempo esta creencia se va instalando. En ocasiones, la etiqueta está en la cabeza de todos pero nadie la dice, y aunque el niño no la escuche directamente, la percibe a través del lenguaje no verbal.

Lucas tenía puestas muchas, sus momentos de crisis lo dejaban como "loco", y al no haber adquirido la lectoescritura, se sentía "tonto" entre otras tantas etiquetas.

Sacarlo de esos roles era primordial para poder avanzar en su integración.

Experimenté este cambio de enfoque en una reunión con su maestra. Ella pasó más de veinte minutos en describir todas las áreas en las que Lucas no estaba cumpliendo con las expectativas; la interrumpí para decirle que sabía que esa lista era interminable pero le proponía usar el tiempo que nos quedaba para hablar de lo que Lucas sí podía hacer y ver de qué manera potenciar esas capacidades. A partir de ese momento discutimos ideas que pusieran en valor las áreas en las que tenía alguna facilidad, pensando proyectos para generarle autoestima. Esta simple inversión de lo que "no" a lo que "sí" fue casi mágica. Durante el resto de la reunión se generó un clima de construcción. Este optimismo era importante, no solo para Lucas, sino también para las personas que lo acompañábamos.

La expresión *"profecía autocumplida"* fue creada por el sociólogo Robert K. Merton, quien da la siguiente definición: *"La profecía que se autorrealiza es, al principio, una definición falsa de la situación que despierta un nuevo comportamiento, que hace que la falsa concepción original de la situación se vuelva verdadera"*. La expresión deriva de un teorema que formuló en 1928 William I. Thomas en su libro *Los niños en América: problemas conductuales y programas*. El teorema dice: *"Si las perso-*

nas definen las situaciones como reales, estas son reales en sus consecuencias".

Al leer esta idea, tan sintética como reveladora, se me ocurrió que podía usarla en un sentido positivo. Tal vez la mejor forma de sacarle las etiquetas era reemplazarlas por nuevas. Aunque fueran falsas en el presente, podrían generar consecuencias verdaderas en el futuro.

En un momento donde Lucas tenía las etiquetas de ser un niño *"que no puede"*, *"que tiene ataques"* y *"que no participa"*, logré convencer a su maestra de otorgarle roles de responsabilidad, como ser su ayudante o el encargado de la huerta. Estos incentivos eran muy inusuales para él, porque son roles que se otorgan habitualmente como premios a las personas más obedientes, trabajadoras y tranquilas.

Las autoridades de la escuela habían decidido que en cada acto hubiera abanderado de la paz por grado. Lucas era, sin duda, considerado el más agresivo de su grupo. Le dije a la maestra lo importante que podía ser para él identificarse como pacifista, porque eso podía eventualmente disminuir sus reacciones físicas. Aceptó. La cara de satisfacción y orgullo de Lucas mientras caminaba por el *hall* del salón de actos fue inolvidable; no solo era un reconocimiento por sus intentos hasta ese momento sino también una forma de saborear ese cambio de percepción en la mirada de los otros.

Otro ejemplo de esta estrategia lo generó la directora de la escuela. Ella vio que a Lucas le gustaba hablar frente al público. Vislumbró un potencial a explotar, y durante un acto le pidió que dijera unas palabras para cerrar el evento. Frente a más de doscientos alumnos y sus familias, incluso yo tuve miedo de que dijera o hiciera algo inapropiado, pero la directora corrió ese riesgo. Tal vez justamente por depositar esa verdadera confianza en sus capacidades, Lucas se sintió a la altura de la situación. Durante varias semanas se me acercaron personas a decirme que su discurso los había conmovido. Un mes después, la directora le volvió a pedir que preparara unas palabras para el siguiente acto. Lucas nuevamente se paró enfrente de toda la escuela y los emocionó con su intervención.

Pude ver su orgullo y el efecto positivo que le generaba sentirse admirado. La directora pudo integrarlo en un sentido verdadero, viendo sus habilidades en vez de sus dificultades, utilizando su creatividad para encontrar la forma singular de que ese alumno tuviera un lugar en el que pudiera destacarse dentro de la comunidad.

Ross Greene, autor del libro *El niño explosivo*, dice que a menudo los niños con buen comportamiento no se están esforzando para ello; la mayoría de las veces es su naturaleza, espontáneamente tienen las habilidades para hacerlo. En cambio, los chicos con problemas emocionales o de aprendizaje son los que tienen que esforzarse en hacer algo que la mayoría de las veces no logran. Esta lógica se opone completamente a la que entiende el mal comportamiento como una elección consciente del niño a la cual se debe castigar.

Al razonar de esta forma, tiene sentido reconocer a los niños con comportamientos difíciles aunque el resultado esté lejos de las expectativas. Este estímulo los ayuda a creer que otra imagen de ellos mismos es posible.

Otra iniciativa que le propuse a la directora fue dar un taller de *mindful* y yoga para niños. La maestra aceptó con desconfianza que fuera yo, con la asistencia de Lucas, quien los guiara. Aprovechando que a él le gustaba estar en el rol de maestro, pensé que transmitir esos ejercicios podía ser una manera de que los aprendiera. Al enseñar tenía la responsabilidad de dar el ejemplo. Los compañeros aprendían contenidos que promovían la regulación emocional, mejorando sus propias habilidades y desarrollando la tolerancia con cualquiera de sus pares. Unas semanas después, varias maestras de otros grados se habían enterado y se me acercaron para preguntarme si podía dar talleres en sus grupos.

El siguiente paso fue disponer de un espacio donde Lucas pudiera ir a calmarse cuando tenía que salir de su clase. La directora aceptó darme un aula que estaba desocupada. Allí pegué pósters con poses de yoga, frases de meditación y lleve colchonetas para que pudieran acostarse en las relajaciones. La idea fue generar un espacio de referencia para que cualquier chico pudiera ir a tranquilizarse si estaba desregulado.

La imagen de Lucas empezó a cambiar. Los nenes de primer y segundo grado lo empezaron a parar en los recreos para preguntarle sobre poses de yoga o cómo respirar. Sus compañeros lo admiraban por ser capaz de hablar ante todos sin vergüenza.

No todas las clases fueron fáciles de manejar y no siempre Lucas se puso en el rol de maestro. Mi participación fue flexible y atenta a las posibilidades de cada encuentro. Un día tratamos el tema de la gratitud, propusimos una actividad donde podían escribir la lista de personas y cosas por las que querían agradecer. Lucas no solo repartió la fotocopia con la propuesta en los talleres que dimos, sino que también aprovechó el recreo para dárselas al resto de los chicos de la escuela. Otro día el tema fue la generosidad, e hizo lo mismo con una fotocopia que tenía una lista de pequeños actos generosos para hacer: desde levantar basura que veían tirada en el patio hasta abrirle la puerta a una maestra que venía cargada con libros. Ese día fue emocionante verlo a él y a gran parte de la escuela llevando adelante su iniciativa.

Todas estas actividades lo vincularon con su entorno desde otro lugar. Inicialmente, estas nuevas etiquetas eran artificiales, pero se convertían en verdaderas a medida que los demás y él mismo se convencían de ellas.

3. Estrategias concretas

El tercer eje de su integración fue definir qué estrategias concretas lo ayudaban a aprender. Estas herramientas iban variando constantemente, y cada una tenía éxito durante un tiempo. Entendí que al tener un objetivo claro (generar autoestima, confianza y vínculos sociales), miles de recursos podían ser válidos. Los objetivos pedagógicos no eran mi prioridad, pero muchas veces alcanzarlos contribuía a su integración social.

Las estrategias de integración se suelen dividir en adaptaciones de "acceso" y de "contenido". Las de acceso modifican la manera en que el niño recibe los contenidos: que vea un documental en vez de leer la unidad del libro de texto, o que le escriban en el pizarrón las tareas en imprenta y no en cursiva. Las estrategias de contenido modifican la complejidad del material: darle una prueba de segundo grado a un niño de tercero, proponerle ejercicios de suma mientras el resto del grado está haciendo restas.

Diferentes libros me dieron una gran cantidad de ejemplos concretos de adaptaciones. Algunos de ellos los pude aplicar y muchos otros me sirvieron como inspiración para crear nuevos. El libro *The Behavior Code* está dirigido específicamente a implementar planes de ayuda escolar para niños con problemáticas socioemocionales. Las autoras dividen las adaptaciones en cuatro categorías:

→ **Ambientales:** relacionadas con modificar
el contexto o espacio en el que el chico estudia.

→ **Funciones ejecutivas:** aspectos del proceso
de pensamiento del niño y su organización.

→ **Curriculares:** modificando los contenidos
de los planes de aprendizaje.

→ **Socioemocionales:** la enseñanza explícita
de las habilidades necesarias para controlar
el comportamiento.

Algunos ejemplos de adaptaciones que logré implementar para Lucas:

AMBIENTALES

→ Se modificó ligeramente el horario de entrada y salida. Lucas llegaba diez minutos después que el resto y se retiraba quince minutos antes. Así evitábamos las situaciones de entrada, donde los chicos se empujan y molestan, y también dejó de estar expuesto a momentos de espera y transición.

→ Pausas regulares que le permitían salir del aula cada vez que lo necesitaba, trabajando paulatinamente para aumentar su capacidad de permanencia.

→ Ocupar distintos lugares del aula. Se le permitía sentarse en un pupitre cerca de la maestra, así ella lo podía asistir si estaba haciendo tarea junto al resto del grupo; pero si necesitaba moverse, se le permitía pasar a la parte de atrás del aula para que caminara mientras escuchaba.

→ Se generaron lugares de referencia en la escuela a los que se podía dirigir cuando no lograba permanecer en el aula: la biblioteca, la huerta, la sala de computación o la sala de calma.

→ En los recreos no tenía la obligación de estar en el patio, podía ir a espacios más calmos si no quería estar en contacto con los otros chicos. Los momentos de juego libre pueden ser muy difíciles de manejar porque requieren más habilidades sociales y no hay adultos mediando entre los chicos.

FUNCIONES EJECUTIVAS

→ Su maestra integradora lo ayudaba a sacar y ordenar sus carpetas.

→ Le anticipaban las materias y actividades que iba a tener en el día.

→ Llevaba un reloj grande con alarma para hacer bloques de trabajo de diez o quince minutos que fueran visibles para él.

→ Se buscaban puntos de cierre natural a las actividades, dándole más flexibilidad. En vez de decir: *"Terminá ahora, que pasamos a Lengua"*, le decían:

"Cuando termines con lo que estás haciendo, avisame y podemos cambiar de actividad".

CURRICULARES

→ Le daban menos cantidad de ejercicios y tarea que al resto (de esta forma, se evitaba que se sintiera incapaz de terminar y abandonara antes de iniciar el trabajo).

→ Se le daba la capacidad de decidir ofreciéndole opciones: *"¿Querés hacer sumas o las tablas?".*

→ Se lo dejaba alternar con tareas por debajo de su nivel actual, para que sintiera una satisfacción rápida y mejorara su autoestima.

→ Tenía la planificación anticipadamente, para que yo lo pudiera familiarizar con los temas antes de que los vieran en la escuela.

→ Le escribían en letra imprenta.

→ Se le permitía hacer tarea en el *iPad*.

→ Se le daba material adaptado a su nivel actual de lectoescritura, más allá de dónde estuviera el resto del grupo.

→ Se le otorgaban roles de ayudante. De esta manera, se aprovechaba cada área en la que se destacaba para que pudiera volverse útil hacia algún compañero.

→ Se le permitía ir a la sala de calma y hacer ejercicios de relajación de forma preventiva.

→ Se le enseñaba a "leer la sala", prestar atención a lo que estaba sucediendo cuando llegaba a un lugar.

→ Utilizaba un termómetro de las emociones, un dibujo donde podía reconocer en qué estado emocional se encontraba.

→ Realizaba ejercicios de yoga y respiración regularmente dentro de la escuela, lo cual aumentaba las posibilidades de usar esas herramientas cuando necesitaba autorregularse.

→ Tenía elementos para distraerse y calmarse (un mp3 con música, un libro, una barra de cereal).

→ Este trabajo de integración siguió continuamente en proceso, cambiando a la par de sus necesidades, y se extendió a las actividades extraescolares que ideé para fortalecer sus vínculos sociales con los compañeros.

Al guiar talleres de *mindfulness* y yoga en diferentes grados, pude observar cuántos niños necesitaban asistencia. Algunos de ellos tenían la suerte de tener un certificado de discapacidad que les daba acceso a la posibilidad de una integración, pero muchos otros estaban padeciendo el sistema. Niños con conductas disruptivas sin un diagnóstico eran vistos simplemente como desafiantes y mal educados, sin otra respuesta a sus problemas que el reproche y el castigo. Me convencí de la necesidad imperiosa de que la escuela pase del modelo de déficits al de habilidades, adaptando los planes de aprendizaje a las particularidades de cada niño. Esto cambiaría el significado de los conceptos actuales de educación y tratamiento, evitando que un sinnúmero de niños sean derivados a terapias porque sus diferencias son vistas como trastornos y retrasos, en vez de como recorridos educativos individuales. Valorando las capacidades de cada niño, la escuela podría, finalmente, ocupar el maravilloso rol de potenciar en vez de estigmatizar.

Durante la reunión con la maestra, ella me cuenta
una sola anécdota positiva: "La semana pasada fuimos
al laboratorio y pudo hacer lo mismo que el resto".
La escuchaba más contenta porque había acatado
la consigna que por descubrir que a Lucas
le divertía la ciencia.

Después, la charla se centra en sus responsabilidades
civiles y el miedo que tiene de que le hagan un juicio
si pasa algo con Lucas cuando está fuera del aula
acompañado de la integradora.

¡Qué desesperación, por Dios! La reunión me sirve
para testear mi grado de control al escuchar
sus razonamientos. Aunque pone compromiso
en su trabajo, su mirada sobre mi hijo y la educación
hacen que estemos muy alejadas; yo estoy preocupada
por ver cómo lo conecto con la vida y ella quiere
evaluarlo en matemáticas.

La charla es tensa. Le propongo adaptaciones concretas.
Una de ellas es que me anticipe los contenidos
de la currícula una semana antes, para poder trabajarlos
en casa con actividades más lúdicas. De esta manera,
cuando ella presenta el tema a la clase, Lucas

se frustra menos y le permite participar aportando algún conocimiento. Ella toma mi iniciativa como una competencia a sus modos de enseñar.

"Yo quisiera hablar con otra persona que no seas vos, porque vos sos la mamá", dejándome en claro que no es mi rol discutir estas estrategias educativas.

Además, me dice que le cuesta decirme algunas cosas porque tiene empatía conmigo. Le contesto que no veo nada malo en empatizar con la persona con la que tenemos que relacionarnos.

Al final de la charla me avisa que el distrito, después de seis meses, confirmó que no tiene una maestra integradora para que haga las adaptaciones curriculares de Lucas. Como de todas maneras necesita adaptaciones, le pregunto si la integradora de Lucas (APND) podía ayudar a diseñarlas. "Sí, pero tiene que ser ella y no vos quien proponga ideas".

Empezamos el encuentro de danza sin ninguna
propuesta concreta. En la sala hay unos globos
de una fiesta que tuvimos hace unos días, y cuando
llega Sofía empiezan a jugar con ellos.
Lautaro les propone buscar diferentes partes del cuerpo
para empujarlos. Esto funciona por unos minutos,
pero luego Lucas se desmotiva y se tira en el sillón
sin querer hacer nada.

Se me ocurre un juego: hacemos una ronda y cada uno
propone una secuencia de movimientos y los otros la
imitamos. Luego agregamos combinaciones de sonidos
usando el cuerpo, el piso y las paredes.

Lucas nos mira desde el sillón hasta que finalmente
interviene, creando una secuencia tan larga
que nadie la puede copiar.
Nos adaptamos a él y a partir de ahí cada uno
hace su secuencia y los otros miran.

Después de unos minutos se aburre y se tira al piso.

Le pido que nos muestre qué técnica usa para caer sin
lastimarse. Acepta y empezamos a jugar con eso. Lautaro
propone usar diferentes velocidades de bajada y subida,
luego buscamos distintas formas de llegar al piso.

Lucas vuelve a cansarse y para motivarlo digo:
"Lautaro, esta música que seleccionaste está buenísima,
es ideal para crear una aventura". A partir de ahí
los dejo solos. Lautaro, Sofi y él imaginan una historia
a partir de las atmósferas de la música, usan un baúl,
sillas y los globos. Se quedan jugando hasta que es la hora
de salir a la escuela.

Durante "Mañanas de aventuras" les propongo hacer
la chocotorta para llevar a la escuela a la tarde.

Los chicos y su abuela le trajeron regalos, así que Lucas
prefiere ir a jugar, uno de ellos eran dos bolsas de Legos.
Me quedo sorprendida cuando le regala una a su hermano.
Esta generosidad hubiera sido inimaginable
hace un tiempo.

Al mediodía sale contento para la escuela.
La maestra le dijo que al final de la jornada podía soplar
las velitas en el aula. Doy un taller de mindful con él
en otro grado y a la hora que nos dijo llevo la torta.
Piensa sus deseos y comparte el momento con
los compañeros, está muy contento.

A la salida de la escuela es su festejo, invitamos
a todo su grado al cine.

Vamos caminando diez cuadras en grupo.
Junto con mi mamá, somos los únicos adultos para
guiarlos. Hace unos meses hubiera pensado que esa
situación era demasiado arriesgada, muchas cosas podían
convertirse en detonantes de una crisis.

Entran, ven juntos la película y se divierten sin ningún
problema. Al terminar esperamos en el hall hasta
que vienen a retirarlos.

Lucas está feliz. Volvemos a casa con sus dos mejores
amigos. Comemos pizza con la abuela y Guido.
Juega un rato en la compu antes de dormir.

Lo acuesto en su cama a las diez de la noche,
me mira sonriente: "¡Má, este fue el mejor cumple
de mi vida!".

Amigos y actividades

Enseñar no es transferir conocimientos,
sino crear las condiciones
para su producción o creación.

PAULO FREIRE

as relaciones humanas son las que nos construyen y nos otorgan sentido. Los vínculos que nos dan alegría los profundizamos, y nos llevan a confiar en las nuevas experiencias. Conciliar, esperar, ceder son habilidades que nacen del interés de estar con otra persona.

Cuando las dificultades emocionales impiden pasar tiempo con pares, se genera un círculo que se retroalimenta: al no estar con otros, estas habilidades no se practican, y al no practicarse, es más difícil generar vínculos. Sin una vida social, desaparece la razón genuina de muchas conductas como la tolerancia, la conciliación o la empatía.

Si una persona tiene una capacidad limitada de relacionarse, se vuelve un problema; si este problema es severo, se vuelve un trastorno.

La dificultad crítica de Lucas para relacionarse fue una de las razones principales que me llevó a buscar ayuda. El objetivo de las terapias era enseñarle las habilidades sociales que cualquiera de nosotros usa cotidianamente, permitiéndole generar relaciones saludables. Sin embargo, jugar con un terapeuta no era lo mismo que con otro chico. Lucas entendía que no era una amistad que debía cuidar sino un adulto que estaba ocupando un rol, sin la motivación ni espontaneidad de un par, y esto no le despertaba deseo de relacionarse. Además esta agenda de terapias, paradójicamente, no le dejaba momentos de poner en práctica estas habilidades en experiencias reales.

Decidí enfocar mi energía en cultivar las amistades con sus compañeros de escuela. En esta nueva etapa, mi objetivo se convirtió en despertar el deseo de descubrir, compartir y jugar.

Convertí mi casa en un lugar donde pasaran cosas interesantes. Una casa social, artística, llena de elementos y personas creativas que le transmitieran inspiración y curiosidad. Un lugar donde los espacios y los materiales estuvieran disponibles para que él los fuera experimentando en la forma que pudiera. A qué hora, por cuánto tiempo y con qué frecuencia eran variables que por el momento no podía controlar.

Durante este proceso, tuve que manejar mis propias expectativas, evitando frustrarme cuando no participaba de las actividades, apreciando el valor de cada instante, sin medir el resultado por los minutos que se quedaba dentro de una habitación sino por el placer que obtenía del tiempo compartido.

Me costo mucho considerar que las terapias y el juego libre pudieran tener el mismo grado de importancia en la vida de mi hijo.

Invitar amigos nunca me había parecido una actividad educativa, hasta que descubrí que para los chicos, jugar es la forma de aprenderlo todo. Cuando deciden qué van a hacer usan su creatividad, al ponerse de acuerdo entre ellos desarrollan habilidades de trabajo en equipo y frente a cada desacuerdo que resuelven aprenden a aceptar los deseos del otro. Todas las habilidades socioemocionales que se requieren en cualquier tarde de juego son las mismas que necesita un adulto en un equipo de trabajo.

Muchos investigadores en educación están poniendo énfasis en la importancia de este "juego libre" que poco a poco se va perdiendo. Este momento donde los niños toman decisiones desarrollando la autodeterminación y ganan resiliencia al sobreponerse a las dificultades. Si tienen una agenda continua de actividades dirigidas por adultos o se pasan el día frente a una pantalla, estos procesos de autoaprendizaje no son posibles. Jugar es necesario para el desarrollo, y lo hacen cada vez menos.

Esto es primordial en la vida de cualquier niño, pero para uno con dificultades socioemocionales tiene, además, una importancia terapéutica. Estar rodeado de pares modela su conducta y lo hace sentirse aceptado; sin embargo, es una tarea difícil de llevar adelante, que requiere de mucho trabajo y tiempo, tanto como cualquier terapia formal.

Empecé a organizar y acompañar la visita de compañeros de escuela a casa. Al estar al lado de mis hijos y de sus amigos, observé que en ciertos casos la diferencia en la capacidad de juego de niños con trastornos y los neurotípicos es una cuestión de grado. Las habilidades socioemocionales que necesitan son las mismas, pero cada uno está en diferentes lugares de la escala, lo que convierte la asistencia para relacionarse en una ayuda opcional o en una necesidad vital.

Aprendí a iniciar sus juegos, a mediar entre ellos cuando había problemas o a dejarlos interactuar libremente cuando lograban encontrar soluciones. Sus compañeros eran niños como todos, únicos, cada uno con sus intereses e individualidades. Lucas tenía que aprender a relacionarse con cada uno de ellos y ellos con él. No era necesario desarrollar situaciones ficticias o juegos reglados dentro de un consultorio; la vida misma nos daba la currícula a seguir. Las situaciones que se presentaban cada día eran el material para abordar y en el cual había que asistirlo.

Al no tener *PlayStation* ni televisión, los chicos que venían a casa tenían que jugar sin tecnología, y en general no sabían a qué. En ese momento de incertidumbre les daba ideas, una vez que optaban por algo me quedaba cerca y si empezaban a irritarse o había un problema, intervenía. Intentaba darles herramientas para que encontraran una solución propia, o los ayudaba a tomar conciencia de los sentimientos del otro. También estaba atenta al momento en el que empezaban a aburrirse: cuando la energía empezaba a decaer, les proponía otras ideas para evitar que surgieran conductas disruptivas como consecuencia de no reconocer sus propias emociones. Me fui convirtiendo en una facilitadora del juego. Mi propósito era que ellos pudieran disfrutar de compartir tiempo juntos; cuando algo interfería con ese objetivo, los ayudaba a que identificaran cuál era el verdadero problema. A veces, solo con decirles que confiaba en su capacidad de encontrar soluciones, lograba evitar una pelea.

Apenas llegaban a casa, usualmente estaban excitados; la ansiedad de comenzar a jugar los llevaba a proponer actividades competitivas o agresivas. Las temáticas de lucha o guerra eran las primeras que se presentaban; la falta de práctica para generar juegos constructivos llevaba a que la única propuesta fuera oponerse el uno contra el otro, vencer al enemigo. Este tipo de juegos agresivos eran frustrantes, cortos, e implicaban un vencedor y un vencido. Lucas terminaba sistemáticamente gritando, enojado o pegando. Intentaba guiarlos hacia actividades más calmas, proponiendo juegos colaborativos donde el objetivo fuera construir con el otro y no destruirlo.

Otro aspecto que descubrí determinante para el éxito de los encuentros fue su duración. Normalmente estos son de dos horas. Al principio, le insistía a Lucas para que jugara con el otro niño todo el tiempo que estaba en casa, hasta que reconocí que a veces necesitaba ponerse los auriculares y escuchar música un rato, o irse a su cuarto y caminar pensando una de sus historias. Al dejar de forzarlo a interactuar continuamente cuando había invitados y respetar su forma personal de relacionarse con los demás, muchos comportamientos disruptivos desaparecieron. De las dos horas que estaba el amigo en casa a veces solo pasaba media hora con él y el resto del tiempo el nene jugaba contento con Guido, conmigo o solo. Sin embargo, antes de que se fuera, Lucas se acercaba y le decía: *"Gracias por venir. ¡Sos un buen amigo!"*.

También fue muy útil aprender a darles la responsabilidad de solucionar los conflictos en vez de decidir por ellos qué era lo "justo" en cada caso. Un día estaban en casa con un amigo y cada uno quería ver una película distinta. Normalmente, al no ponerse de acuerdo siempre elegía por ellos, pero esa vez les propuse que votaran escribiendo tres opciones cada uno. No lograron coincidir, así que decidieron votar a mano alzada. Lucas intentó ayudar pidiendo que dijeran el porcentaje de aceptación que tenía cada opción. Les hice notar lo difícil que era ponerse de acuerdo, incluso siendo solo tres personas. Finalmente, el amigo se flexibilizó y aceptó ver una de las películas que no había propuesto. Durante los veinte minutos que tardaron en resolver el problema aplicaron un montón de habilidades socioemocionales y conocimientos.

MEDIACIÓN

Un día, Lucas volvió de la escuela diciendo que quería pelear con un chico de quinto grado porque era "canchero", y se le había puesto en la cabeza que tenía que desafiarlo. Lo primero que hice fue escucharlo atentamente, tratando de entender qué pasaba por su cabeza, sin hacerle reproches. Después le conté que a su misma edad había conocido una nena que me pareció tan engreída que jamás imaginé ser su amiga, sin embargo una semana después nos habíamos convertido en compañeras inseparables.

A través de mis comentarios fui generando diferentes maneras de que pudiera reinterpretar las actitudes de ese chico, hasta que abrí la posibilidad de invitarlo a jugar. Durante un acto me crucé con la madre y le pedí su teléfono para coordinar el encuentro. Lautaro pasó a convertirse en un gran amigo.

En otra oportunidad, Lucas estaba en el recreo observando a su grado jugar al fútbol contra la otra división. Al hacerles un gol, el otro equipo se burló de ellos. Sin poder controlarse, Lucas fue a pegarle al nene que había hecho el gol.

Todos los maestros se acercaron gritando a pararlo, cosa que no ayudó en absoluto a que se calmara. Ese día yo estaba en la escuela dando un taller de *mindful*, así que después de pegarle salió corriendo a buscarme. Cuando su enojo disminuyó, supo perfectamente que no estaba bien lo que había hecho, sentía vergüenza y culpa. Cualquier reproche en ese momento solo agravaba sus conductas disruptivas, necesitaba apoyo y comprensión, pero sobre todo necesitaba que lo ayudaran a reparar el error.

Le ofrecí ir a comprar algo dulce para compartir con el nene, accedió, y en el horario de salida nos acercamos a darle una golosina. Lucas no pudo pedirle perdón directamente pero me pidió que lo hiciera por él. Al hacerlo también le pregunté por sus gustos, le hice ver los intereses que tenía en común con Lucas y finalmente le propuse si otro día quería venir a jugar a casa. Más tarde conseguí el teléfono de su mamá y cuando le expliqué la situación fue muy comprensiva (mucho más que los docentes que habían presenciado el evento). Una semana después vino a jugar a casa. Estuve muy presente en el encuentro, mediando en los juegos y proponiendo actividades. La tarde fue un éxito y todos terminaron contentos, sintiendo que eran nuevos amigos. Esto no solo significaba que Lucas pudiera reparar lo que había ocurrido, sino que también prevenía rivalidades en el futuro. Estas situaciónes me demostraban que con la ayuda de un adulto que mediara momentos con sus pares, podía aprender de las experiencias cotidianas. Esta dinámica era muy diferente a la de tener todas las tardes ocupadas con terapias que impedían desarrollar los vínculos que estaban al alcance de su mano. No requería necesariamente de un terapeuta, pero sí de una persona sensible y atenta que le mostrara formas alternativas de interpretar la realidad.

ENCUENTRO DEL MES

Al hablar con otros padres y madres, pude ver que compartíamos las mismas inquietudes, y les propuse crear un encuentro mensual para discutir temas de crianza.

No era fácil que todos encontraran con quién dejar a los chicos durante ese rato, así que se nos ocurrió que podían ver una película durante el encuentro.

La primera vez vinieron dos mamas y un papá. El plan de la peli no resultó y al rato los chicos estaban aburridos. Entonces les propuse jugar con Legos y el papá de la nena se sentó en el piso con ellos; un rato después terminamos todos jugando. A partir de ese día, el objetivo del encuentro cambió y nos pusimos al servicio de mediar en los juegos que los chicos iban desarrollando.

Unos meses después venía casi todo el grado. Como no todos los padres podían estar presentes, arreglamos para que hubiera un adulto cada dos o tres niños. Durante el encuentro ofrecía diferentes espacios: dibujo, libros, Legos, disfraces, y cada uno elegía lo que quería hacer. Los adultos se ubicaban en lugares distintos de la casa para coordinar cada sector.

Cuando la maestra les enseñó las tablas de multiplicar, pensé en formas entretenidas de que Lucas estudiara; así fue que ese mes propuse convertir el encuentro en una "Feria de matemáticas", en la que todos los juegos estuvieran relacionados con las multiplicaciones. Al resto de los papás les pareció una buena idea. La experiencia salió tan bien y ellos se divirtieron tanto que a partir de ese momento los encuentros se volvieron temáticos. En algunas ocasiones estaban conectados con los contenidos de la escuela y en otras, no. Tuvimos temas tan variados como una fiesta de disfraces, la Edad Media, una feria del libro, un taller de radio o el transporte público.

Al principio, Lucas se ponía nervioso, se enojaba y gritaba. A mí me daba miedo lo que los otros padres pensaran de él, pero lentamente pude desprenderme de esa preocupación. Al estar presente, ponía en contexto las conductas y les explicaba qué situaciones disparaban sus comportamientos disruptivos. Más allá de que el grado de reacción fuera desmedido, podían ver la lógica de sus emociones y esto les despertaba empatía que luego les transmitían a sus hijos.

En uno de los encuentros del mes, otras dos mamás me comentaron sobre lo difícil que era sostener actividades extraescolares. Sus hijos sentían que eran espacios tan rígidos como la escuela y terminaban por abandonarlos. Les comenté que tenía pensado organizar experiencias educativas que tuvieran la flexibilidad que Lucas necesitaba, y que sería ideal si sus hijos querían sumarse.

Una semana después, inspirándome en el programa extraescolar que había tenido en Estados Unidos, comenzamos un espacio que llamé "Mañanas de aventuras".

Era un encuentro semanal de dos horas, donde diseñaba experiencias tan variadas como realizar una obra de títeres, hacer un experimento o cocinar. Un par de semanas después, la mamá de otra nena del grado se me acercó: *"Disculpame, pero mi hija escuchó hablar de los encuentros que hacen en tu casa y muere de ganas de ir"*. Decidí sumarla y cerrar el grupo. Ya eran cinco incluyendo a Lucas y Guido, y quería poder brindarles tiempo personalizado a cada uno.

En los encuentros fui generando una pequeña estructura que contaba con unos minutos de yoga, luego veíamos videos que explicaban un tema (un documental sobre volcanes o una explicación científica de un experimento) y finalmente les presentaba varias opciones de proyectos relacionados (hacer un volcán de papel o realizar el experimento que habíamos visto).

Lucas difícilmente aceptaba una actividad exactamente como se la planteaba; mi objetivo dejó de ser que acatara la consigna, intentaba que participara de la forma que él elegía. A veces mi propuesta le servía de disparador para generar otra idea, en otras oportunidades solo estaba presente observando.

Al principio, la temática surgía de la currícula escolar, así los introducía en contenidos que luego verían en el aula; luego de unos meses también empecé a preguntarles a ellos qué querían aprender.

Exploramos proyectos muy variados, ligados al arte, a la ciencia, a la historia. En una oportunidad hicimos un proyecto sobre los incas, vimos un documental sobre su historia y al terminar les mostré imágenes de máscaras hechas con papel, de objetos en cerámica y modelos de templos hechos con cartón. Cada uno eligió qué prefería hacer y comenzó a trabajar. A Lucas no le interesó ninguna propuesta, así que se fue con sus auriculares a escuchar un audiolibro, mientras yo seguí pensando una idea que pudiera convocarlo. Finalmente se me ocurrió que los símbolos incas podían llegar a interesarle, le mostré algunas imágenes y se quiso sumar a nosotros para dibujarlos.

Otra semana trabajamos en función de algo que nos había ocurrido con Lucas el día anterior mientras leíamos el diario. Encontramos una nota sobre "Arquitectura con conciencia social", en la cual explicaban el tra-

bajo de arquitectos e ingenieros que tenían proyectos
pensados en función de solucionar una problemática.
En el artículo nombraban a un argentino que vive en
Estados Unidos, Nico García Mayor, que desarrolló un
sistema de viviendas de emergencia para personas en
campos de refugiados o en casos de desastre natural.
En la nota ponían el enlace para ayudar con el finan-
ciamiento de su fundación. Lucas se levantó y fue hasta su cuarto, volvió con veinte pesos para donar todos
sus ahorros. También quiso mandarle un mensaje para
agradecerle por pensar en los demás.

Al día siguiente, en "Mañanas de aventuras" les mostré
algunos videos sobre la fundación y les propuse hacer
construcciones con materiales descartables. Idearon
juntos una casa elevada para resistir a las inundaciones.
Al final del encuentro, le mandamos las fotos de lo que
habían hecho a García Mayor. Él les contestó ese mismo día, diciéndoles que tenían ideas muy valiosas y que
los felicitaba. Un tiempo después, visitó la Argentina
para dar conferencias y aceptó venir a dar una charla
en nuestra escuela. Para Lucas como para el resto del
grupo fue una experiencia inolvidable.

ENCUENTROS DE DANZA

Lautaro coordinaba los encuentros de danza. Ademas
de tener una formación en bailes urbanos, acrobacia y
danza contemporánea, es un miembro de nuestra fa-

milia, esto sumaba flexibilidad a la propuesta. Participaban Guido, Lucas, una compañera de la escuela y yo.

Inicialmente fue un encuentro de *hip hop*, luego empezamos a mostrarles videos de diferentes tipos de danza que nos servían de inspiración y eran disparadores de ideas. También usamos la técnica de *partenaire*, que nos permitió experimentar ejercicios donde sostenían y daban el peso del cuerpo a otra persona. Para esto fue clave tomar conciencia del tono y de la forma que el miedo modifica la tensión muscular. Él podía observar cómo el otro lo sentía más pesado al estar contraído. Pudo aprender a escuchar su cuerpo, entendiéndolo como una alarma que nos envía signos.

Lentamente vi la evolución en su capacidad de confiar en el otro. Estas situaciones permitieron superar miedos y limitaciones.

Otro objetivo de los encuentros fue desarrollar comunicación a través de la música. Al no contar con la palabra, el nivel de atención visual y corporal se modificaba. Había días en que Lucas no quería participar, otros en los que se quedaba solo unos minutos, pero hubo muchos encuentros en los que se generaban momentos maravillosos. La idea principal era trabajar con el cuerpo desde el juego, la danza y el movimiento, desarrollando conciencia corporal y conexión con el otro.

Luego de guiar encuentros de *mindfulness* durante un par de meses en la escuela, la maestra decidió que no tenía tiempo para continuar con la actividad y me sugirió seguir en mi casa.

A partir de ese momento, cinco nenas y un nene empezaron a venir cada miércoles después de la escuela. Fue un espacio donde hacíamos ejercicios de yoga y *mindfulness*, compartimos pensamientos, emociones y miedos. Un par de semanas después, los chicos me empezaron a pedir extender el encuentro para tener tiempo de jugar. Ese tiempo libre fue muy importante para ellos y les generaba más deseos de volver la semana siguiente. Durante su juego continuaba guiándolos para poner en práctica las ideas que hablábamos previamente, reconociendo las emociones de los demás y las propias.

Le di a Lucas el rol de coordinador; esto lo implicaba en el proceso de organizar el encuentro. Unas horas antes le proponía opciones para que él eligiera el tema y aportara ideas. Fue muy significativo para él ver que los otros también tenían dificultades para controlar sus emociones. Un día, una de sus compañeras le dijo: *"Quiero que sepas que aunque no parezca, me enojo todo el día por miles de cosas, y gracias a vos estoy aprendiendo a que me pase menos"*. Los otros chicos también compartían cuánto les costaba sacarse alguna idea de la cabeza o la tendencia que tenían a pensar en negativo.

Lucas podía contar sus propias experiencias y sentirse útil dando consejos.

ENCUENTROS MUSICALES

Lucas siempre había disfrutado de la musicoterapia. En esta nueva agenda de actividades quise retomarla desde un ángulo más flexible, hacerla en casa y que pudiera participar el resto de la familia.

Hablé con un musicoterapeuta reconocido y le conté mi idea, también le propuse que cuando Lucas no quisiera participar, él podía enseñarme juegos para usar en otros momentos de la semana, porque en muchas oportunidades lo veía expresarse a través de la música pero a la vez sabía que era difícil hacer coincidir estos momentos con el horario específico de la terapia.

Me pidió hacer tres encuentros con Lucas antes de decidir si estaba de acuerdo con mi propuesta. Después de la tercera sesión me iba a dar su devolución. Nunca me voy a olvidar de ese día. Primero intentó trabajar con él sin éxito, hasta que finalmente Lucas salió gritando a la terraza: *"¡Odio la música! ¡No quiero, no quiero!"*. Mientras lo observábamos gritar, me dijo que él prefería trabajar solo y que debíamos enfocarnos en el *NO* de Lucas. Lo escuché silenciosa, le agradecí y lo acompañé hasta la puerta. Volví a la terraza a abrazar a mi hijo, pensando: *"A partir de ahora voy a trabajar solo con el SÍ de Lucas"*.

Unas semanas después, empezamos un espacio musical con un profesor de guitarra que no era musicoterapeuta pero sí una persona sensible y paciente. Lucas y Guido podían participar, expresarse y jugar en la medida en que lo desearan, y cuando no querían, me enseñaba a mí. Coincidimos en que lo más importante era que tanto Lucas como Guido pudieran ver la música de una forma divertida para expresar sus emociones. A veces participaban quince minutos y se iban, otras veces uno tocaba un instrumento mientras el otro bailaba. Durante algunos encuentros, jugamos con títeres, desarrollando una historia musical. En otras ocasiones, Lucas participaba filmando lo que ocurría y muchas otras veces los dos se iban a su cuarto y no hacían nada. Sin embargo, incluso cuando no participaban sentía que era muy valioso que escucharan desde lejos cómo yo aprendía, me equivocaba, me corregían y tenía que repetir el mismo movimiento infinidad de veces antes de que me saliera bien. Sentía la importancia de exponer ante ellos mi propio proceso de aprendizaje y mi forma de reaccionar ante la frustración.

ENCUENTROS DE PINTURA

Mi abuela pinta desde hace muchos años y se ofreció a guiar los encuentros de artes plásticas. Ya sabía que Lucas no iba a observar en silencio la explicación de un adulto y ejecutar una consigna precisa, tampoco podía esperar que él estuviera dispuesto a empezar una actividad a una hora determinada; al igual que las otras, esta era una propuesta flexible. Decidimos "hacer" más allá de que los chicos quisieran participar. Nosotras dos nos poníamos a pintar, recortar papeles o dibujar, y lo que ocurría era que una vez que estábamos genuinamente comprometidas con nuestra tarea, ellos se querían sumar.

Se me ocurrió que cada semana tomáramos como inspiración a un pintor distinto. Seleccionaba algunos videos cortos que contaran la obra de pintores como Van Gogh o Dalí. Luego, sacábamos los materiales y les proponíamos trabajar sobre la base de sus temáticas o sus técnicas específicas. En el encuentro que le dedicamos a Matisse, probamos la técnica de cortar papeles que usó en la última parte de su carrera.

A veces sucedía que al momento que lográbamos que participara quería hacer algo que no tenía nada que ver con la propuesta, y por supuesto, era totalmente bienvenido. A menudo ocurría que, después de diez o quince minutos en una actividad se aburría y se iba, o se enojaba porque las cosas no le salían como él esperaba. Al igual que en los otros encuentros, yo sentía que incluso cuando no participaba era importante que supiera que otras personas cerca suyo estaban trabajando. Por más que él agarrara un juguete y se quedara cerca de nosotros sin pintar, ya había ganado mucho. Ver a su bisabuela concentrada dibujando, equivocándose y volviendo a empezar constituía una experiencia valiosa en sí misma.

TERAPIA DE JUEGO

Esta propuesta era guiada por una terapista ocupacional y un actor, que proponían trabajar desde el juego con las dificultades sociales y emocionales de Lucas.

Ellos se acercaron a él para descubrirlo y disfrutar juntos. Esta mirada de igual a igual que le brindaron la percibió claramente e hizo la diferencia. Con el correr de los encuentros pudieron proponer juegos y generar negociaciones. Entraron en el mundo de Lucas y lograron que él quisiera entrar en el de ellos. Pudieron acompañarlo en los momentos de frustración y de enojo que se presentaban, modelando sus conductas a través del ejemplo. A medida que pasaron los meses, Lucas comenzó a llamarlos "amigos" y a través de ese vínculo pudieron construir muchos avances en su tolerancia. Le dieron estrategias para aceptar perder, equivocarse y compartir bromas, entre otras tantas cosas.

Algunos conceptos que me ayudaron a llevar a cabo las diferentes actividades fueron:

→ Trabajar desde el deseo
  y no desde la obligatoriedad.

→ Aceptar el tiempo de permanencia particular de cada encuentro sin presionarlo, para evitar que termine en situaciones disruptivas.

→ Seleccionar material visual que predisponga la temática a abordar y dispare la imaginación.

→ No forzar la forma en que tenía que participar. Muchas veces necesitaba deambular durante un tiempo cerca de nosotros hasta sumarse, o prefería no hacer la actividad pero quería estar presente.

A través de estas propuestas, intenté ocupar el vacío que quedaba entre las terapias en consultorio y la supuesta normalidad, en la cual Lucas debía navegar las relaciones sociales de una forma autónoma.

Observé que estamos inmersos en un formato polarizado: estudio versus juego, donde las cuestiones académicas son consideradas importantes, cuentan con la guía y asistencia de los adultos, mientras que el juego es un simple tiempo de ocio, donde los niños deben desenvolverse solos.

Durante este proceso conocí chicos con diferentes grados de dificultades que podrían compartir más tiempo con sus pares si tuvieran la guía de un adulto. Esta persona no tiene que ser necesariamente un profesional, solo requiere de alguien empático que esté realmente presente.

Durante mucho tiempo tuve miedo de equivocarme en la elección de las terapias. Ahora entendía que era lógico que las actividades tuvieran un ciclo, y en algún punto dejaran de funcionar como una consecuencia natural del desarrollo de Lucas. Nada de lo que hiciera con dedicación y amor pasaría sin deja huella.

Tocan el timbre, son seis chicas juntas.
Unos minutos después se suman dos chicos más.
Bajo a abrirles la puerta y los que están arriba
se esconden de los que llegan. No logro evitar
esa situación a pesar de que sé que las escondidas
desregulan a Lucas sistemáticamente.

Una nena lo descubre y él sale de su escondite enojado,
dando un portazo y encerrándose en su cuarto.

Tengo que empezar el encuentro igual, los invito
a todos a sentarse en ronda en el living y a hacer
el primer ejercicio que llamamos "bola de energía".
Una persona tiene una bola de energía imaginaria
y decide a quién se la pasa.

Lucas sigue muy enojado y hace ruidos desde su cuarto
para llamar la atención, finalmente se acerca
a revolear un lápiz a la nena que lo había descubierto
y se vuelve a ir.

Dejo a los chicos haciendo el juego y voy a calmarlo.
Está enfurecido con ella porque lo encontró,
intento explicarle que esa es la idea del juego
y que ya todos se olvidaron de lo que pasó.

Acepta calmarse a cambio de que le dé un tiempo
de jueguitos en la compu al terminar el encuentro,
pero me dice que igual va a quedarse en su cuarto.

Vuelvo a continuar la actividad, y unos minutos después
se acerca tapado con una manta y se une al grupo.
Ignoro todo lo que pasó y le propongo que él continúe
guiando el encuentro.

Inmediatamente, como transformándose en otro chico,
deja la manta y se sienta en la ronda. Les dice que
es más iluminado de lo que todos creen y que tiene
mucha sabiduría para compartir. Les muestra una pose
de yoga y todos lo imitan. Luego comparte una frase
para reflexionar, los chicos lo escuchan atentos.
"Siempre hay que pensar antes de actuar".
Todos quieren hablar para dar ejemplos de momentos
en los que actuaron sin pensar y luego se arrepintieron.
Como están tan entusiasmados, se interrumpen,
y una nena más tímida se pone a llorar porque no logra
decir lo que quiere. Aprovechando ese incidente
y el anterior de Lucas, les hago notar que las situaciones
tienen diferente significado para cada persona.
Teniendo distintas sensibilidades, hay cosas que a una
persona no le molestan y a otra sí.
Al entender que todos somos diferentes podemos estar
más atentos y convertirnos en mejores amigos.

Lucas me interrumpe, quiere compartir otra frase
antes de terminar el encuentro: "Todo requiere paciencia
y cada acto es una semilla a la cual uno riega".

Lucas dice que "no es un perro con correa" y que él
quiere hacer lo que tiene ganas. Todo lo irrita. Al menor
inconveniente —que se le patine una servilleta, se le cierre
una puerta o no pueda abrir un paquete de galletitas—,
empieza a decir que él le va a ganar a la vida. Habla
mirando hacia el cielo y dice: "Vos no vas a lograrlo, vida,
no me vas a arruinar". Todo lo vive como una batalla.
Muchas veces dice que es una cuestión de "supervivencia".

Está en estado de alerta para pelear o en estado
de pánico. Todo lo ve en términos comparativos y dice
que él quiere ser el mejor y el que tiene razón.

Hoy lo llevo a ver un espectáculo; antes de que termine la
primera parte dice que está aburrido, así que nos vamos.
Antes de salir del teatro, caminando por el hall, una
de las acomodadoras lo chista para que no hable fuerte.

Inmediatamente se le transforma la cara y empieza
a caminar hacia ella. Está dispuesto a gritar. Le tapo
la boca y logro sacarlo. Le explico con calma la razón
por la que le habían pedido silencio, pero igual sigue
enfurecido. Me dice que nadie en este mundo lo va a hacer
callar. Empieza a llorar y enfurecerse diciendo que
le faltan el respeto.

Logro subirlo al taxi pero sigue desregulado. No lo
contradigo en nada, lo miro con amor y trato de cambiar
su foco de atención, pero igual se enoja, me insulta
y se ofende cuando le propongo ideas.

Adentro del taxi me contesta con un grito y el taxista
también lo chista. Empieza a decir que este es el peor
día de su vida. Cuando bajamos del auto logro
entrar a una librería.

Se entretiene mirando libros un rato, y cuando salimos
se vuelve a enojar mientras camina. Se sienta en la vereda
a llorar mientras me dice que es el peor día de su vida
porque todo el mundo lo chista.
Como Guido y yo tratamos de mantenernos tranquilos
y hablar de otra cosa, dice que somos unos insensibles
porque no lo escuchamos.

Después se para y dice que se va a ir con gente
que lo respete y que no lo siga. Me da miedo de que
se vaya lejos y se pierda. Le pido que vuelva para tomar
un helado pero no me escucha y sigue caminando.
Se queda sentado en un lugar justo al doblar la esquina.
Estoy nerviosa de no verlo y pienso hasta cuándo es bueno
dejarlo que se calme solo. Después de unos minutos
vamos a buscarlo. Cuando llegamos, nos dice que
es un tarado. Le digo que se quede tranquilo.

El día sigue con una situación detrás de otra,
y en el medio de las grandes crisis también está irritable,
impaciente e intolerable; cuando caminamos pregunta
cuánto falta, le digo cinco cuadras y él responde:
"Nunca vamos a llegar, nunca".

En cada situación me siento amenazada
por lo que pueda hacer. Me da miedo de que se vaya
de mi lado en la calle y lo pierda.

Nunca lo traté con tanta calma, con voz tan tranquila.
Nunca fui más flexible que ahora.
Continuamente intento que vea el lado positivo
de las cosas, pero últimamente él reconoce mi intento
por cambiar su perspectiva y aumenta más su ira.

Tengo miedo de pensar en el futuro, sin embargo
siento que estoy haciendo todo lo que puedo por él.
Le sostengo su mano pero no puedo vivir en su infierno.

Durante la mañana, más o menos puede estar tranquilo,
desayunamos juntos mientras le leo sobre Verdi
y le muestro un pedacito de una ópera. Luego hablamos
de cómo le gustaba la ópera a su papá.

Vamos al cuarto a practicar escritura, aparece
la palabra "gitanos" y me pregunta qué significa,
busco un documental y luego le muestro el flamenco.

Me dice que quiere programar, trabaja un rato
pero se enoja porque se acuerda de que no puede tener
un servidor de Minecraft.

Al mediodía le pido que me acompañe a llevar a Guido
a la escuela. En el camino, me doy cuenta
de que me olvidé la ropa de natación, así que después
de dejarlo, volvemos a casa y le propongo que esta vez
vaya en monopatín. Se enoja porque no se puede
poner las zapatillas, ni abrochar el cierre, ni acomodar
los auriculares del iPad.

Lo ayudo en cada tarea para que no se frustre
y revolee cada uno de esos objetos. Después de dejar
la ropa para Guido, vamos hasta una librería y se queda
sentado viendo libros durante un rato. Yo selecciono
los que me parecen interesantes y se los dejo cerca,
y cada tanto me pide que le lea alguno un poco.

Volvemos a casa tranquilos y lo dejo con mi abuela
dibujando, mientras voy a la entrevista con el psiquiatra
que me recomendaron las psicólogas del gabinete escolar.

Cuando vuelvo, una hora y media más tarde, me cuenta
que Lucas se acordó de que tenía la tablet descargada
porque yo le había escondido el cargador. Se enojó
y revoleó todo lo que encontró, incluida mi guitarra.
Después se encerró en su cuarto.

Voy a su cuarto para ver cómo está, y cuando entro
me pide que por favor lo perdone. Le digo que se quede
tranquilo y le cuento que el nuevo psiquiatra que fui
a ver le manda una nota. Me pide que se la lea.

Le había escrito que lo esperaba el viernes para que
le cuente lo que le pasa.

Le pregunto si quiere ir: "Claro que quiero ir.
Quiero que me ayude a ser normal. A mí no me gusta
ser así. Yo trato de estar tranquilo, de no tener
estos enojos, de ir a la escuela como los otros chicos.
Yo trato de no hacerme todas estas preguntas,
pero no alcanza. No lo logro".

La situación en la escuela empeoró cada día
durante la última semana.

A pedido de la maestra, hace casi dos meses,
la dirección llamó al gabinete de educación para niños
con problemas emocionales severos.

El equipo intervino, pero después del periodo
de observación no dijeron "este chico está loco, vamos
a sacarlo de acá lo antes posible", como la maestra
y autoridades esperaban. En vez de eso, les dieron
indicaciones y estrategias para que aprendieran nuevas
formas de relacionarse con Lucas.

Esto hizo que la situación, en vez de mejorar,
se degradara aún más. Todos estaban esperando escuchar
que el problema no tenía solución.

Su maestra, en particular, y luego las autoridades,
cortaron el vínculo emocional que habíamos construido.
La hostilidad creció y esto hizo que Lucas sintiera, aún
más fuertemente, cuán inadecuado y anormal era. Varios
días de esta semana me llamaron para que lo retire antes,
sin embargo la integradora me cuenta el mal clima que
se vive constantemente dentro del aula, no por Lucas sino
por las incesantes peleas entre los chicos y el hartazgo
de la maestra, ya desbordada y sin herramientas para
trabajar emocionalmente con el grupo.

Hoy viernes me llaman a las tres de la tarde para
decirme que se enojó, le pegó a su maestra y está
en el jardín tratando de hacer un pozo para escaparse.
Corto inmediatamente y salgo en el auto, me toma
cinco minutos llegar a la escuela.

Cuando entro, me dicen que está escondido debajo de una
grada en el salón de actos, y que la vicedirectora y dos
secretarias lo están rodeando para insistirle que salga.

Desde lejos le grito: "Lu, ya estoy acá, nos vamos a casa".
Sale corriendo de abajo de la grada y pasando al lado mío,
dice: "Vamos", y sigue hasta la puerta.

Sé que solo se va a tranquilizar una vez afuera,
así que no pregunto nada sobre lo que pasó y voy hacia
la puerta para ocuparme de estar con él.
Mientras avanzo, una de las secretarias dice:
"Así, mejor no lo traigas más".

Veo que Lucas está al lado de la portera, que está
bloqueando la puerta, y espera que yo llegue.
En ese momento aparece su maestra, que todavía no me
vio; puedo observar la cara de odio con la que lo mira.
Cuando llego al lado de ella, transforma su expresión
y me habla con tono de reproche: "Me pegó fuerte y me
dolió mucho". Le contesto que lo lamento pero que ahora
tengo que ocuparme de tranquilizar a Lucas.

Le pido a la portera que nos deje salir. Lucas está
desesperado tratando de girar el picaporte pero la puerta
está con traba. Me doy cuenta de que, a pesar de estar
al lado de él, no nos abre. Cambio el tono y le exijo que
abra la puerta, mira por encima de mi hombro, me doy
vuelta y veo a la vicedirectora junto con las secretarias
paradas sin dar la autorización que la portera está
esperando. La maestra me pide completar y firmar
un acta; le contesto que voy a firmar lo que quieran,
pero no ahora. Lucas sigue desesperado queriendo salir
y por primera vez pongo cara de amenaza. Ya no quiero
conciliar nada, me siento una rehén. Finalmente abren.
Caminamos treinta metros hasta la reja que separa
la escuela de la calle. Nuevamente dependo de que abran
el portón eléctrico. Lucas está todavía más ansioso cuando
ve el auto estacionado en la puerta. Una mujer de la
cooperadora está esperando para entrar. Cuando entiende
lo que pasa, es ella la que empieza a pedir a los gritos
que me abran. Lucas corre a meterse en el auto

y me pide que arranque. "Son unos demonios,
en esa escuela son todos unos demonios".

Llegamos a casa y se acuesta en su cama. Me siento
al lado de él. "No quiero ir más, no quiero ir nunca más,
ese lugar es una cárcel, mamá".

En el momento en que crucé la reja y pisé la vereda
también supe que ese había sido el último día. No había
forma de reparar lo que acababa de pasar.

Lo miro a los ojos, le acaricio el pelo y le digo que
a partir de mañana vamos a estudiar en casa.
Empieza a llorar. "¿En serio, mamá?".

Hace tiempo que los días vienen siendo muy difíciles.
Recomenzar con mi trabajo no solo implica
tener reuniones y tiempos en los que los dejo con otras
personas, también significa que estoy menos presente
cuando estoy presente.

Mi cuerpo está con ellos, pero mi mente se va
en pensamientos y preocupaciones.
Ahora puedo ver cómo eso genera un vacío para ellos.
No tienen la misma contención emocional que antes,
y esto en Lucas se nota.

Quise pensar que ahora las cosas eran distintas, que él estaba mejor, pero no es así. Y por más que nuestro vínculo sea diferente y vea avances profundos en él, los nuevos desafíos son constantes, las necesidades cambian y él requiere de un acompañamiento emocional muy grande.

Hoy vi a un chico en el café de la esquina, debe tener unos veinte años. Lo vimos con Lucas muchas veces. Se lo ve hablar solo y hacer movimientos extraños con el cuerpo mientras deambula por la calle. Se nota que es de una familia de la zona, siempre está bien vestido y limpio pero se lo ve emocionalmente abandonado.

Hoy lo observé y pensé en Lucas. Mis pensamientos me dan tanto miedo que casi no puedo escribir lo que pienso.

Entonces, me digo que tengo que hacer todo lo que esté a mi alcance en estos años, que son decisivos para darle herramientas, perspectiva, amor y cuidado.

La frontera entre la sociedad y la locura es tan estrecha. Es tan fácil caer del otro lado del pozo. Sin embargo, todo está tan desquiciado en este sistema en el que todos nos creemos tan cuerdos.

Hoy leía a Thich Nhat Hanh. En un pasaje habla sobre cómo absorbemos el alimento sensorial, cómo las personas que nos rodean nos influyen.
Tengo que ser una fuente de luz en su vida y rodearlo de personas que también lo sean.

CAPÍTULO 10

Evolución

—*¿Y dónde dejas el arte?* —preguntó ella.
—Es una enfermedad. —*¿El amor?* —Una ilusión.
—*¿La religión?* —El sucedáneo elegante de la fe.
—*Eres un escéptico.* —¡Jamás!
El escepticismo es el comienzo de la fe.
—*¿Qué eres, entonces?* —Definir es limitar.

OSCAR WILDE

uego de un período de muchos progresos que fui volcando en estas páginas, lo que había construido hasta ese momento se desmoronó. Otra vez mi vida estaba fuera de control. Varios sucesos contribuyeron a esto: se cumplió el primer aniversario de la muerte del papá, la situación escolar se deterioró y retomé mi proyecto profesional. Su irritabilidad aumentó sustancialmente: contestaba enojado sistemáticamente, se frustraba frente a cada tarea cotidiana y gritaba de manera continua. A pesar de todas las herramientas que había incorporado, no lograba ayudarlo.

Pensé que todo había sido inútil y me desmotivé. Volví a temer los peores escenarios para el futuro, desde imaginarlo en un hospital psiquiátrico hasta que terminara en una cárcel de menores. Creí haberlo probado todo y me sentí completamente impotente.

Permanecer en ese estado de abatimiento no era una posibilidad. Para recuperar fuerzas, me enfoqué en las mismas ideas que había intentado transmitirle a Lucas. Por más terrible que pareciera ese momento, por más oscuras que fueran mis emociones, todo iba a pasar, mis sensaciones eran pasajeras. Dejé de angustiarme proyectando un futuro que desconocía y me concentré en trabajar en el presente.

Volví a meter algunas de mis certezas en el bolsillo y repensé lo que no estaba funcionando en ese momento. Pero ya no vivía esto como una evidencia de un error, sino como una adaptación continua al cambio. En este volver a empezar, reevalué dos aspectos importantes de su vida: la medicación y su escolaridad.

La risperidona es la droga más recetada en niños con irritabilidad y conductas agresivas. Lucas había tomado una pequeña dosis desde los cinco hasta los ocho años. Siempre fui reticente a medicarlo, tampoco veía que le evitara los momentos de desregulación que sufría, y la forma arbitraria en la que había visto a los psiquiatras variar la dosis me daba desconfianza.

Cuando nos mudamos, la directora de la escuela me sugirió consultar a un homeópata y suspender la medicación tradicional; lo hice, pero no percibí cambios en su conducta. Al volver a Buenos Aires, la psiquiatra me recetó una mayor dosis de risperidona pero tampoco generó diferencias visibles. Al investigar, descubrí que la droga tiene resultados en solo la mitad de los niños a los que se la prescribe.

Esta información, sumada a los efectos secundarios que tiene la droga en el metabolismo y el sistema hormonal, hizo que al abandonar el tratamiento formal decidiera reducir la medicación gradualmente hasta suspenderla. Las herramientas que aprendí fueron más efectivas de lo que había sido la risperidona. Sin embargo, la situación de Lucas evolucionó, y un año más tarde no podía manejar los episodios de agresividad como lo había hecho hasta entonces.

Siguiendo la recomendación de las psicólogas escolares, volví a buscar un psiquiatra, quien decidió recetar otra droga, aripiprazol. Junto con la risperidona son las dos que se usan para el tratamiento de los síntomas de irritabilidad asociados al trastorno del espectro autista. Pertenecen a un tipo de medicamentos llamados "antipsicóticos atípicos", y fueron desarrolladas para tratar el trastorno bipolar, la esquizofrenia y el trastorno de ansiedad.

A diferencia de la risperidona, cuando Lucas tomó aripiprazol mejoró notablemente en solo unos días. Desde entonces, mantuvo un nivel de irritabilidad más bajo que el que había tenido hasta ese momento. Aunque siempre hice todo lo posible para que no tenga que depender de ninguna medicación, ahora creo que si mejora el clima familiar y su vida social, es valioso aprovecharla como una transición hacia nuevos modos de sentirse y de relacionarse.

Sigo constantemente buscando alternativas, recientemente descubrí e incorporé el uso del cannabis medicinal.

El otro aspecto que tuve que replantear fue su escolaridad. Luché intensamente para que pudiera sostener su escuela, no para lograr un objetivo académico sino por el valor de mantener el grupo humano que conocía desde el jardín de infantes. En el último tiempo, los chicos se habían convertido en los mejores integradores del planeta. Una y otra vez juré que Lucas iba a terminar la primaria en esa escuela; sin embargo, llegó un día en que la situación fue insostenible. Tuve que aceptar haber perdido la batalla y pensar en su bienestar por encima de mis metas.

Su asistencia se había convertido en un hecho traumático, tanto para él como para los docentes. Desde el inicio de su escolarización vi niños con características similares que debieron abandonar la escuela por la presión de las otras familias, que en su desconocimiento e incomprensión no toleraban las situaciones agresivas. En mi caso, me sentí muy emocionada al ver el apoyo que recibí de su grupo; los compañeros y sus familias querían que se quedara. Fue la estructura escolar y no la comunidad la que lo expulsaba.

En la última etapa de la escolarización, constaté que existen aspectos fundamentales del sistema educativo actual que hacen que la verdadera inclusión no sea posible. Cuando no están disponibles las herramientas para implementar las leyes, estas no pueden ponerse en práctica. Si el docente que está a cargo del aula no tiene conocimientos para ayudar al niño integrado, esta tarea se vuelve por definición impracticable. La capacitación de autoridades, personal y maestros es imprescindible.

Sin embargo, una verdadera capacitación inclusiva llevaría indefectiblemente a replantearse las bases mismas del sistema educativo. Al respetar genuinamente las diferencias de cada niño ya no se puede tener como objetivo la uniformidad, pretendiendo los mismos resultados para niños que tienen ritmos y modos de aprendizaje diversos.

Cuando Lucas dejó de asistir a la escuela, el sistema educativo debía ofrecerme una opción de escolarización. Faltaban dos meses para el final del ciclo lectivo y me anticiparon que el proceso de transición hacia la educación especial comenzaría recién al año siguiente.

Le propuse a la integradora continuar acompañando a Lucas en casa, y durante los meses siguientes realizó actividades a partir de sus intereses, negociando momentos de estudio con salidas a museos y plazas. Lo más valioso fue que estuvo tranquilo y comprometido en situaciones sociales hasta que terminó el año.

En este proceso descubrí que la escuela, como está pensada hoy en día, no es la mejor opción para Lucas. Me costó mucho trabajo poder asumirlo. Siempre quise que mi hijo fuera como todos, y no es fácil aceptar las diferencias, menos cuando las percibimos como sinónimo de enfermedad o discapacidad. Solo cuando pude aceptar sus particularidades como los rasgos que lo definen y lo convierten en quien es, dejé de ver a mi hijo como un enfermo. Cada niño requiere de una educación basada en sus necesidades y talentos. El *homeschooling* o la educación libre son algunas de las posibilidades que estoy evaluando, y ya no tengo miedo de transitar una escolaridad más atípica.

En este proceso, sin duda la más transformada fui yo. Una de las grandes decisiones que tomé fue comenzar el profesorado de yoga. La práctica me dio fuerza y calma para sostener la cotidianidad.

También empecé actividades que representaran romper mis propias etiquetas. Nunca había corrido porque siempre creí que tenía muy poca resistencia. Pretendía hacerlo por treinta minutos el primer día que lo intentaba, y esto me llevaba a frustrarme y abandonar cada vez que me lo había propuesto a lo largo de mi vida.

Siempre tuve una capacidad respiratoria nula, así que el proceso fue muy progresivo. Empecé alrededor de la terraza por períodos de un minuto que luego alternaba con caminatas; con la práctica fui aumentando mi resistencia y llegué a correr diez. Aunque seguía siendo ridículamente poco, lo sentía como una eternidad. Para controlar que llegaba a mi objetivo, ponía una alarma y cada dos o tres vueltas miraba para ver cuántos minutos faltaban. Un minuto extra era literalmente interminable.

Cuando acepté mis posibilidades actuales como punto de partida, pude comenzar a construir día tras día.

Por primera vez fui consciente de cuántas veces le había puesto objetivos a Lucas por encima de sus límites, convirtiendo las situaciones en frustrantes o inaccesibles.

Finalmente dimensioné lo que significaba para él estar diez minutos sentado haciendo tarea.

Otra gran etiqueta que quise superar fue mi imposibilidad para la música. Después de haber comprado una guitarra para Guido y haberle conseguido un profesor particular, no quiso tocar más; en vez de enojarme, entendí que había llegado el momento. Empecé las clases en un horario en que Lucas estaba en casa para que me viera practicar y perseverar en una actividad en la que no tenía ningún talento.

Cotidianamente compartía con él lo difícil que me resultaba correr y tocar un instrumento, mis pocas ganas al momento de empezar y lo orgullosa que me ponía una vez que terminaba, asociando el esfuerzo con la satisfacción que genera superar las limitaciones.

El último psiquiatra escribió un informe para la evaluación escolar, encuadrando los rasgos de Lucas dentro del "trastorno límite de la personalidad". Esta es una patología psiquiátrica que entre sus síntomas comprende patrones de relaciones inestables intensas, una distorsión de la propia imagen, emociones extremas e impulsividad. Al leer los síntomas asociados, sentí que ese diagnóstico lo representaba más que los anteriores. Tener un diagnóstico diferente me hizo terminar de constatar la multiplicidad de formas que existen para explicar la realidad de un individuo.

Dependiendo desde qué enfoque filosófico, psicológico o médico se analicen las cosas, podemos darles diferentes nombres y explicaciones a los mismos hechos. Tal vez el proceso que describo en estas páginas es el de lograr construir mi propia mirada, que se conformó tomando lo que más me resonaba de cada teoría y que me ayudó a entender a mi hijo. Mi experiencia me hace pensar que lo más importante es la amplitud de perspectivas con las que uno cuenta para observar.

En la actualidad, creo que las dificultades de Lucas residen en una mirada diferente de leer la realidad, en una intensidad emocional muy pronunciada y en un miedo constante, que lo lleva a defenderse poniéndose en estado de ataque ante los estímulos, situaciones y personas que él percibe como peligrosos. De todas maneras, ya no busco diagnósticos que lo expliquen, sino formas de que pueda disfrutar su vida.

En muchas ocasiones sufrí sintiéndome condenada por mi realidad. Preguntándome *"por qué a mí, por qué no tuve un hijo normal"*. También me angustiaba que Guido sufriera al tener que convivir con un hermano diferente. Veía a Lucas como un problema en nuestra vida.

Finalmente entendí que ser la madre de este hijo era exactamente lo que necesitaba. Sin él, no hubiera atravesado las crisis que me llevaron a buscar dentro de mí lo que hoy considero esencial. La desesperación me mostró caminos que de otra manera no hubiera emprendido. Lo que juzgué como una desgracia se convirtió en mi mayor fuente de aprendizaje, y lo más importante que le podía dar a mis hijos era ser testigos de cómo superaba mis propias dificultades.

Hoy Lucas vive una realidad diferente a la de hace seis meses, y esta será distinta dentro de un año. Una de las certezas que gané es que este cambio permanente en él se suma al de mi propia evolución, dando un resultado que no es proyectable ni previsible, y que tendremos que seguir construyendo desde el presente.

Aprendí a confiar en lo que no se ve. Lo que no se dice tiene presencia y es más verdadero que las palabras. Comprobé que lo que siento lo comunico, mi estado emocional y mis pensamientos se transmiten a las personas que me rodean, y ellas me transmiten los suyos. Continuamente estamos siendo influidos e influimos a otros emocionalmente. Acepté tomar estas percepciones como parte esencial de mi comunicación, y el estado de mi propio sistema nervioso se convirtió en la intervención más importante que le puedo ofrecer a mi hijo. La calidad de mi presencia es el componente esencial de nuestra relación, cada instante compartido es parte de su patrimonio, lo que llevará dentro de él por el resto de su vida.

Antes de empezar este proceso veía la inclusión como un servicio al otro. Ahora creo que es al revés, la persona a la que incluimos nos está dando la posibilidad de ampliar nuestros horizontes. Confío en que llegará un momento en que el concepto mismo de inclusión no sea necesario, un día donde naturalmente aceptemos la extraordinaria diversidad que nos une.

Apéndice CAPÍTULO ②

Las terapias

¿Para qué sirven y cómo se trabaja en cada terapia? Es una simple pregunta que nunca me animé a hacer y nadie se detuvo a explicarme. A continuación, les comparto algunas de las descripciones más accesibles y concretas que fui encontrando en mi camino.

TERAPIA DEL LENGUAJE[23]

Los terapeutas del lenguaje se ocupan de problemas para producir ciertos sonidos (articulación), tartamudeos o ceceo, pero también ayudan a los niños que tienen otras clases de dificultades con el lenguaje hablado y escrito, como la dislexia, la dispraxia y el trastorno del procesamiento auditivo. De hecho, un terapeuta del lenguaje es llamado, más precisamente, patólogo del habla y el

---

23   Adaptado de https://www.understood.org.

lenguaje. Los patólogos del habla y el lenguaje pueden ayudar con problemas de:

→ **Articulación:** habla no clara y equivocación con los sonidos.

→ **Fluidez:** dificultad con el flujo del habla, como la tartamudez.

→ **Resonancia o problemas con la voz:** dificultades con el tono de voz, el volumen y la calidad.

→ **Alimentación:** dificultad al comer, tragar y babear.

→ **Lenguaje receptivo:** dificultad para entender (recibir) el lenguaje.

→ **Lenguaje expresivo:** dificultad para hablar (expresar) el lenguaje.

→ **Lenguaje pragmático:** dificultad para utilizar el lenguaje de modos socialmente apropiados.

Las estrategias incluyen:

Actividades de intervención del lenguaje. Son las que desarrollan habilidades de diferentes maneras, incluidos el modelado y los comentarios. El terapeuta puede utilizar fotos, dibujos, libros o terapia de juego. También, ejercicios de lenguaje para practicar las destrezas.

Terapia de articulación. El patólogo modela los sonidos con los que el niño tiene dificultades. Esto puede incluir la demostración de cómo mover la lengua para pronunciar sonidos particulares.

Terapia para alimentarse y tragar. El patólogo enseña al niño ejercicios para fortalecer los músculos de la boca. Esto puede incluir masaje facial y varios tipos de ejercicios con los labios, la lengua y la mandíbula. También se pueden utilizar diferentes texturas de alimentos para que el niño esté más consciente al comer y al tragar.

La terapia del lenguaje puede ayudar a los niños a hablar más claramente, a que se sientan más seguros y menos frustrados cuando se comunican. También puede beneficiar a los niños que tienen problemas de lenguaje social, emocional y académico. Para los niños con problemas de lectura como la dislexia, esta terapia puede ayudarlos a escuchar y distinguir sonidos específicos en las palabras.

TERAPIA OCUPACIONAL

Un terapeuta ocupacional es un especialista entrenado en ayudar a las personas a aprender a realizar actividades diarias. Trabajan con gente de todas las edades y con diferentes problemas. Cuando trabajan con niños que tienen dificultades de aprendizaje y de atención, los ayudan en diversas áreas, como la coordinación física, la organización y las habilidades para planificar.

La meta de la terapia ocupacional es ayudar a los niños a que sean más independientes al realizar tareas cotidianas como escribir, abotonarse u organizar su mochila.

La conexión podría no ser obvia, pero los problemas con la coordinación, la fuerza, el control y las habilidades diarias de cuidado personal pueden causar dificultades académicas. Por ejemplo, un niño al que le cuesta sostener un lápiz podría tener problemas para completar las tareas escolares a tiempo. Algunos niños tienen problemas con la organización y les resulta difícil preparar sus mochilas con las cosas que necesitarán en la escuela. La terapia ocupacional puede ser beneficiosa en esas situaciones.

Algunos ejemplos de las habilidades con las que un terapeuta ocupacional trabaja son:

- **Tareas de cuidado personal:** cepillarse los dientes, abotonarse la ropa, utilizar los cubiertos.

- **Coordinación mano-ojo:** escribir en un pizarrón de la escuela, copiar en un cuaderno lo que el maestro escribe en el pizarrón.

- **Habilidades motoras finas:** agarrar y manejar el lápiz, utilizar tijeras.

- **Planificación y organización:** planear la ida al casillero escolar para agarrar libros, ropa de gimnasia, instrumentos de música para la siguiente clase.

- **Desahogo físico:** encontrar mejores maneras de desahogarse que pegarle a alguien cuando se sienten frustrados o enojados.

- **Respuestas apropiadas:** responder a las sensaciones de un modo más apropiado.

Un terapeuta ocupacional también puede determinar si un niño requiere de un equipo especial o una tecnología de asistencia, desde un simple sujetador de lápices hasta un programa de computadora para tomar notas que se active con la voz.

Los beneficios de la terapia ocupacional en niños incluyen el aumento de la independencia y la autoestima, el mejoramiento de la capacidad para concentrarse y terminar actividades, y un mayor entendimiento entre familias y maestros en cuanto a lo que un niño debería lograr.[24]

TERAPIA COGNITIVO-CONDUCTUAL[25]

La terapia cognitivo-conductual (TCC) es una forma de terapia que fomenta que los niños observen sus pensamientos, sentimientos y conductas. Les muestra cómo reemplazar los pensamientos negativos con pensamientos más realistas y positivos. Por ejemplo, si un niño piensa: *"No soy inteligente y no puedo aprender"*, el terapeuta podría ayudarlo a eliminar ese pensamiento y reemplazarlo con otro como: *"Puedo hacer muchas cosas bien. Mi dislexia puede dificultar que aprenda, pero*

---

24   *Ídem.*

25   *Ídem.*

tengo recursos que me ayudan. Soy tan capaz como cualquier otro niño".

En algunas clases de terapia, el terapeuta es considerado el experto. En la TCC, el terapeuta y el niño trabajan conjuntamente en establecer las metas, identificar los problemas y comprobar el progreso. A menudo, a los niños se les asignan tareas entre las sesiones para que desarrollen las habilidades que están aprendiendo. En vez de enfocarse en el pasado, la TCC ayuda al niño a focalizarse en el presente y en el futuro, y a darse cuenta de que tiene control sobre su comportamiento.

En la TCC, los niños se reúnen con un terapeuta, que puede ser un psicólogo, un psiquiatra o un trabajador social. Las sesiones pueden ser individuales, en grupo con otros niños o con miembros de la familia. El terapeuta primero tratará de averiguar qué quiere lograr el niño. Por ejemplo, dejar de ser víctima de acoso en la escuela y sentirse más seguro de sí mismo, entre muchos otros propósitos. Los terapeutas TCC utilizan varias técnicas. Una de ellas se llama *modelar*. Al utilizar esta técnica, el terapeuta muestra la conducta deseada, como, por ejemplo, ser capaz de enfrentarse al acosador. Otra técnica se llama *reestructuración cognitiva*. Al aplicar esta técnica, los niños aprenden a reconocer y reemplazar los pensamientos negativos. Por ejemplo, cambiar la afirmación: *"Soy un desastre en matemática"* por *"Algunas cosas en matemática son difíciles para mí, pero hay muchas otras que puedo hacer bien".*

MUSICOTERAPIA[26]

La musicoterapia es la utilización de la música y de sus elementos (sonido, ritmo, melodía y armonía) por parte de un musicoterapeuta calificado, con un paciente o grupo, en un proceso destinado a facilitar y promover comunicación, aprendizaje, movilización, expresión, organización u otros objetivos terapéuticos relevantes, a fin de asistir a las necesidades físicas, psíquicas, sociales y cognitivas. La musicoterapia busca descubrir potenciales y/o restituir funciones del individuo para que este alcance una mejor organización intra y/o interpersonal y, consecuentemente, una mejor calidad de vida, a través de la prevención y rehabilitación en un tratamiento.

Estos beneficios se logran mediante diferentes técnicas, dirigidas a entrenar la respuesta física y emocional de los niños, como los ejercicios de vocalización, los movimientos para seguir el ritmo musical, la audición musical, los juegos creativos musicales, el canto solo o con acompañamiento, el tocar instrumentos musicales, la reproducción espontánea de ritmos, el tarareo de canciones.

---

26   Adaptado de http://www.lamusicoterapia.com.

La dramaterapia permite explorar las dificultades e-mocionales por medio del drama. Esto implica una variedad de actividades que incluyen la escritura y el aprendizaje de guiones, los ejercicios de improvisación o actividades que utilizan marionetas y máscaras.

Esta terapia se utiliza a menudo en un entorno de gru-po; sin embargo, se puede utilizar también en sesiones individuales. Un terapeuta del drama utiliza diferentes técnicas y puede ayudar a crear una historia de ficción para retratar los sentimientos del paciente. Por lo general, la historia ficticia es la propia historia recontada a través de diferentes personajes. La creación de este es-pacio entre la persona y las preocupaciones emociona-les que se están explorando puede ofrecer claridad y una sensación de alivio o de catarsis.

Los objetivos de la terapia de drama incluyen la reso-lución de un problema, la catarsis, la autoconciencia, la superación de los comportamientos poco saludables, el mejoramiento de las habilidades sociales.

La naturaleza de esta terapia la hace ideal para las per-sonas que tienen dificultades para llegar a encontrarse con las emociones o los problemas que enfrentan, ya que se dirige a ellos de una manera más indirecta.

---

27   Adaptado de https://www.psicoactiva.com/blog/la-dramaterapia-y-el-psicodrama.

Apéndice CAPÍTULO ③

El DSM-5

Los cinco mayores cambios en la última versión del DSM (DSM-5) son los siguientes:

1. La nueva clasificación elimina las categorías de trastorno autista, síndrome de Asperger, trastorno general del desarrollo no especificado y trastorno desintegrativo de la niñez. Estas categorías son integradas al término más amplio de trastorno del espectro autista (TEA).

2. Según el DSM-IV, una persona calificaba para el diagnóstico si tenía al menos seis de doce deficiencias en las áreas de interacción social, comunicación social y comportamientos restringidos y repetitivos. Según el DSM-5, el diagnóstico requiere que la persona exhiba tres déficits en comunicación social, al menos dos síntomas en la categoría de interacción social y dos en la de actividades restrictivas y repetitivas. En esta última categoría se incluye un nuevo síntoma: hiper o hipo-

rreactividad al estímulo sensorial, o intereses inusuales en aspectos sensoriales del ambiente.

3. Los síntomas pueden estar presentes actualmente o haberse reportado en el pasado.

4. Además de ser evaluada en función del diagnóstico, cada persona será descripta en términos de causas genéticas, niveles de lenguaje, discapacidades intelectuales, presencia de condiciones médicas como epilepsia, ansiedad, depresión y problemas gastrointestinales.

5. Se agrega una nueva categoría llamada trastorno de comunicación social. Incluye a las personas con una discapacidad en la comunicación social sin la presencia de conductas repetitivas.

CRITERIOS DE DIAGNÓSTICO DEL DSM-5[28]

Trastorno (pragmático) de comunicación social

a. Persistente dificultad en el uso social verbal y no verbal de comunicación manifestado por lo siguiente:

→ Deficiencia en el uso de comunicación social con el propósito de saludar e intercambiar información de una manera apropiada para el contexto social.

→ Impedimento de la habilidad de cambiar el discurso para concordar el contexto o las

---

28   https://www.autismspeaks.org/dsm-5/faq.

necesidades de la otra persona. Por ejemplo,
hablar de forma distinta en el aula que
en la plaza, comunicarse con un par
o con un adulto y evitar el uso de lenguaje
excesivamente formal, etcétera.

→ Dificultad para seguir las reglas
de una conversación o contar una historia,
para tomar turnos en una conversación,
parafrasear cuando hay un malentendido y saber
cómo usar señales verbales y no verbales para
regular una interacción.

→ Dificultad para hacer inferencias sobre
el sentido no literal o ambiguo del lenguaje
(metáforas, humor, diferentes sentidos según
el contexto de interpretación).

→ Déficits resultantes de la limitación funcional
en la comunicación efectiva, la participación
social, las relaciones sociales, el suceso académico,
el desarrollo ocupacional en grupo o individual.

b. Los síntomas deben estar presentes desde el desarrollo
temprano del niño, pero no se verán completamente
manifiestos hasta que la demanda social de comunicación no exceda sus capacidades.

c. Los síntomas no tienen que ser atribuibles a otra condición médica o neurológica o a la baja capacidad en el
dominio de la estructura y gramática del lenguaje, y
no son mejor explicados por el trastorno del espectro
autista, falta de habilidad intelectual, retraso global del
desarrollo u otro trastorno mental.

Trastorno del espectro autista

a. Déficit persistente en la comunicación y la integración
social a través de múltiples contextos, manifestado como (los ejemplos son ilustrativos y no exhaustivos):

→ Déficit en reciprocidad emocional y social,
que va desde el acercamiento social anormal
y el fracaso de establecer una conversación
normal (con ida y vuelta) o tener un reducido
número de intereses y emociones compartidos,
hasta la incapacidad de iniciar y responder
a interacciones sociales.

→ Déficit en comportamientos de comunicación
no verbal usados para la interacción social,
que va desde, por ejemplo, una pobre integración
de la comunicación verbal y no verbal,
un manejo del lenguaje corporal y el contacto
visual anormal o una incapacidad para usar
gestos hasta la ausencia completa de expresiones
faciales y comunicación no verbal.

→ Déficits en desarrollar, mantener y entender
relaciones, que van desde, por ejemplo,
dificultades al ajustar comportamientos
a diferentes contextos sociales, o dificultad
en compartir juego imaginativo, o hacer amigos,
hasta la ausencia de interés en sus pares.

b. Patrones de comportamiento, intereses o actividades
restrictivos y repetitivos, manifestados al menos por
dos de los siguientes aspectos, en la actualidad o en el
pasado (los ejemplos son ilustrativos y no exhaustivos):

→ Movimientos motores estereotipados
o repetitivos, uso de objetos o lenguaje
(por ejemplo, alinear juguetes, ecolalia, etcétera).

→ Insistencia y adhesión inflexible a rutinas
o rituales de comportamientos verbales
y no verbales (por ejemplo, gran sufrimiento
por pequeños cambios, dificultad en tolerar
transiciones, patrones rígidos de pensamiento,
necesidad de comer la misma comida o hacer
el mismo recorrido cada día, etcétera).

→ Intereses que son anormales por su restricción,
fijación e intensidad (por ejemplo, gran apego
a objetos inusuales, intereses excesivamente
circunscritos y perseverantes).

→ Hiper o hiposensibilidad o intereses inusuales
relacionados con aspectos sensoriales
del ambiente (por ejemplo, indiferencia aparente
al dolor y la temperatura, respuesta adversa
a ciertos sonidos o texturas, interés excesivo
en oler o tocar ciertos objetos, fascinación visual
por luces o movimiento).

c. Los síntomas tienen que haber estado presentes en el período de desarrollo temprano (pero no fueron completamente manifestados hasta que las demandas sociales excedieron su capacidad).

d. Los síntomas causan impedimentos clínicamente significativos en el funcionamiento social, ocupacional u otras áreas.

e. Estas dificultades no están mejor explicadas por un trastorno intelectual del desarrollo o un retraso global del desarrollo. La discapacidad intelectual y el trastorno del espectro autista frecuentemente coexisten. Para hacer un diagnóstico de comorbilidad entre los dos trastornos, la comunicación social deberá ser menor a la esperada para el nivel de desarrollo general.

NOTA: los individuos que hayan tenido un diagnóstico según el DSM-IV de trastorno autista, trastorno de Asperger o trastorno general del desarrollo no especificado serán diagnosticados dentro del término *trastorno del espectro autista.*

Los individuos con déficits en la comunicación social pero que no tengan *criteria* para ser diagnosticados dentro del trastorno del espectro autista deberán ser evaluados para trastorno de comunicación (pragmático).

Déficit de atención[29]

a. Patrón persistente de inatención y/o hiperactividad-impulsividad que interfiere con el funcionamiento o desarrollo, que se caracteriza por (*1*) y/o (*2*):

1. **Falta de atención.** Seis (o más) de los siguientes síntomas se han mantenido durante al menos seis

---

29   https://www.autismspeaks.org/what-autism/diagnosis/dsm-5-diagnostic-criteria.

meses en un grado que no concuerda con el nivel de desarrollo y que afecta directamente las actividades sociales y académicas/laborales.

NOTA: los síntomas no son solo una manifestación del comportamiento de oposición, desafío, hostilidad o fracaso para comprender las tareas o instrucciones. Para adolescentes mayores y adultos (a partir de diecisiete años), se requiere un mínimo de cinco síntomas:

→ Con frecuencia falla en prestar la debida atención a los detalles, o por descuido se cometen errores en las tareas escolares, en el trabajo o durante otras actividades (por ejemplo, se pasan por alto o se pierden detalles, el trabajo no se lleva a cabo con precisión).

→ Con frecuencia tiene dificultades para mantener la atención en tareas o actividades recreativas (por ejemplo, para mantener la atención en clases, conversaciones o lectura prolongada).

→ Con frecuencia parece no escuchar cuando se le habla directamente (por ejemplo, parece tener la mente en otras cosas, incluso en ausencia de cualquier distracción aparente).

→ Con frecuencia no sigue las instrucciones y no termina las tareas escolares, los quehaceres o los deberes laborales (por ejemplo, inicia tareas, pero se distrae rápidamente y se evade con facilidad).

→ Con frecuencia tiene dificultad para organizar tareas y actividades (por ejemplo, dificultad para gestionar tareas secuenciales, dificultad para poner los materiales y pertenencias en orden, descuido y desorganización en el trabajo, mala gestión del tiempo, no cumple los plazos).

→ Con frecuencia evita, le disgusta o se muestra poco entusiasta en iniciar tareas que requieren un esfuerzo mental sostenido (por ejemplo, tareas escolares o quehaceres domésticos; en adolescentes mayores y adultos, preparación de informes, completar formularios, revisar artículos largos).

→ Con frecuencia pierde cosas necesarias para tareas o actividades (por ejemplo, materiales escolares, lápices, libros, instrumentos, billetera, llaves, papeles de trabajo, anteojos, celulares).

→ Con frecuencia se distrae con facilidad por estímulos externos (para adolescentes mayores y adultos, puede incluir pensamientos no relacionados).

→ Con frecuencia olvida las actividades cotidianas (por ejemplo, hacer las tareas, hacer las diligencias; en adolescentes mayores y adultos, devolver las llamadas, pagar las facturas, acudir a las citas).

2. **Hiperactividad e impulsividad.** Seis (o más) de los siguientes síntomas se han mantenido durante al menos seis meses en un grado que no concuerda

con el nivel de desarrollo y que afecta directamente las actividades sociales y académicas/laborales.

NOTA: los síntomas no son solo una manifestación del comportamiento de oposición, desafío, hostilidad o fracaso para comprender las tareas o instrucciones. Para adolescentes mayores y adultos (a partir de diecisiete años), se requiere un mínimo de cinco síntomas.

→ Con frecuencia juguetea o golpea con las manos o los pies o se retuerce en el asiento.

→ Con frecuencia se levanta en situaciones en que se espera que permanezca sentado (por ejemplo, en clase, en la oficina o en otro lugar de trabajo, en situaciones que requieren mantenerse en su lugar).

→ Con frecuencia corretea o trepa en situaciones en las que no resulta apropiado; en adolescentes o adultos, puede limitarse a estar inquietos.

→ Con frecuencia es incapaz de jugar o de ocuparse tranquilamente en actividades recreativas.

→ Con frecuencia está "ocupado", actuando como si "lo impulsara un motor" (por ejemplo, es incapaz de estar o se siente incómodo estando quieto durante un tiempo prolongado, como en restaurantes, reuniones; los otros pueden pensar que está intranquilo o que le resulta difícil seguirlos).

→ Con frecuencia habla excesivamente.

→ Con frecuencia responde inesperadamente o antes de que se haya concluido una pregunta (por ejemplo, termina las frases de otros, no respeta el turno de conversación).

→ Con frecuencia le es difícil esperar su turno (por ejemplo, mientras espera una cola).

→ Con frecuencia interrumpe o se inmiscuye con otros (por ejemplo, se mete en las conversaciones, juegos o actividades; puede empezar a utilizar las cosas de otras personas sin esperar o recibir permiso; en adolescentes y adultos, puede inmiscuirse o adelantarse a lo que hacen los otros).

b. Algunos síntomas de inatención o hiperactivo-impulsivos estaban presentes antes de los doce años.

c. Varios síntomas de inatención o hiperactivo-impulsivos están presentes en dos o más contextos (por ejemplo, en casa, en el colegio o el trabajo; con los amigos o familiares; en otras actividades).

d. Existen pruebas claras de que los síntomas interfieren con el funcionamiento social, académico o laboral, o reducen la calidad de estos.

e. Los síntomas no se producen exclusivamente durante el curso de la esquizofrenia o de otro trastorno psicótico, y no se explican mejor por otro trastorno mental (por ejemplo, trastorno del estado de ánimo, trastorno de ansiedad, trastorno disociativo, trastorno de la personalidad, intoxicación o abstinencia de sustancias).

Trastorno de ansiedad generalizada[30]

Ansiedad y preocupaciones excesivas (anticipación a-prensiva) que se producen durante más días de los que ha estado ausente durante un mínimo de seis meses, en relación con diversos sucesos o actividades (como en la actividad laboral o escolar).

1. Al individuo le es difícil controlar la preocupación.

2. La ansiedad y la preocupación se asocian a tres (o más) de los seis síntomas siguientes (y al menos algunos síntomas han estado presentes durante más días de los que han estado ausentes durante los últimos seis meses.

NOTA: en los niños, solamente se requiere un ítem:

→ Inquietud o sensación de estar atrapado
  o con los nervios de punta.

→ Fatiga.

→ Dificultad para concentrarse o quedarse
  con la mente en blanco.

→ Irritabilidad.

→ Tensión muscular.

→ Problemas de sueño (dificultad para dormirse
  o para continuar durmiendo, o sueño inquieto
  e insatisfactorio).

---

30 Información publicada por http://www.tdahytu.es/manual-para-diagnosticar-el-tdah-dsm-5/. *Fuente:* American Psychiatric Association.

3. La ansiedad, la preocupación o los síntomas físicos causan malestar clínicamente significativo o deterioro en lo social, laboral u otras áreas importantes del funcionamiento.

4. La alteración no se puede atribuir a los efectos fisiológicos de una sustancia (por ejemplo, una droga, un medicamento) ni a otra afección médica (por ejemplo, hipertiroidismo).

5. La alteración no se explica mejor por otro trastorno mental (por ejemplo, ansiedad o preocupación de tener ataques de pánico en el trastorno de pánico, valoración negativa en el trastorno de ansiedad social, contaminación u otras obsesiones en el trastorno obsesivo-compulsivo, separación de las figuras de apego en el trastorno de ansiedad por separación, recuerdo de sucesos traumáticos en el trastorno de estrés postraumático, aumento de peso en la anorexia nerviosa, dolencias físicas en el trastorno de síntomas somáticos, percepción de imperfecciones en el trastorno dismórfico corporal, tener una enfermedad grave en el trastorno de ansiedad por enfermedad, o el contenido de creencias delirantes en la esquizofrenia o el trastorno delirante).

Funciones ejecutivas

Las *funciones ejecutivas* son una serie de habilidades del cerebro que ayudan a una persona a controlar su comportamiento (por ejemplo, quedarse sentado a la mesa) o alcanzar sus objetivos (algo que requiere varios pasos, como prepararse para la escuela). Otras habilidades son:

→ **Iniciación** (empezar una tarea rápida y fácilmente).

→ **Inhibición** (controlar los impulsos, poner el freno, pensar antes de actuar).

→ **Flexibilidad** (pasar de una actividad o idea a otra, aceptar una manera diferente de ver las cosas).

→ **Memoria de trabajo** (mantener información en la mente mientras se hace una tarea).

→ **Organización** (saber dónde están los materiales, entender cuál es el punto principal, ver la situación de manera global y saber cuál es la prioridad en un momento determinado).

→ **Planificación** (desarrollar, ejecutar
 y modificar un plan).

→ **Automonitoreo** (controlar el propio desempeño).

Los niños con trastorno del espectro autista tienen bases biológicas de inflexibilidad y rigidez que pueden generar dificultades en los siguientes comportamientos:

→ Hacer transiciones.

→ Tolerar cambios en rutinas.

→ Ajustarse a cambios inesperados.

→ Generar una nueva manera de acercarse
 a los problemas.

→ Aceptar diferentes interpretaciones
 de las reglas.

→ Manejar emociones fuertes.

→ Responder a los intereses y necesidades de otros.

→ Negociar y hacer compromisos.

→ Aceptar diferentes puntos de vista.

→ Cambiar el comportamiento cuando una
 situación no va bien.

→ Tener capacidad de planeamiento y organización.

Muchos niños con trastorno del espectro autista tienden a tener problemas al organizar, por ejemplo, sus cuartos, material para la escuela, deberes, pertenencias. También tienen problemas para identificar la idea principal de un discurso y organizar sus pensamientos de una manera accesible para la mayoría de las otras personas. Esto significa que tienen dificultad en "mostrar" lo que saben en la escuela. También se les dificulta comunicar sus ideas y transmitir información compleja de manera sintetizada y coherente.

Estas observaciones están sostenidas por experiencias científicas que documentan pobres funciones ejecutivas en niños con trastorno del espectro autista.

Los estudios muestran una relación directa entre los problemas de flexibilidad y planeamiento con diferencias en la estructura y funcionamiento del cerebro, lo que demuestra que es la biología y no "las ganas" o "el desinterés" lo que genera estas diferencias.[31]

Distorsiones cognitivas

Los pensamientos automáticos son involuntarios: entran de manera automática en la mente, no son reflexivos ni producto del análisis o razonamiento sobre un problema. Al contrario, son reacciones espontáneas ante determinadas situaciones donde aparecen fuertes sentimientos.

Como los pensamientos automáticos producen errores del pensamiento, prismas recortados y desviados de los

31 KENWORTHY, L., ALEXANDER, K. C., GUTERMUTH ANTHONY, L., CANNON L. M., ADLER WERNER, M. Y GREENMAN, L. *Op. cit.*

acontecimientos que ocurren, pueden ser agrupados en las llamadas distorsiones cognitivas, en función de los errores que cometen. Por ejemplo:

1. **Sobregeneralización.** Generalizar una conclusión válida para todo a raíz de un caso aislado. Ejemplo: *"Juan no me miró en el recreo; no quiere ser más mi amigo"*.

2. **Abstracción selectiva.** Enfocarse en modo "visión de túnel" únicamente en ciertos aspectos, normalmente negativos y perturbadores, de una circunstancia o persona, excluyendo el resto de sus características y pasando por alto lo positivo de estas. Ejemplo: *"No pude hacer un gol hoy; no sirvo para el fútbol"*.

3. **Inferencia arbitraria.** Emitir juicios o extraer conclusiones de manera rápida o impulsiva, basándose en una información incompleta o errónea. Ejemplo: *"Mamá no me deja jugar a los jueguitos; los adultos no me entienden"*.

4. **Sesgo confirmatorio.** Interpretar la realidad de manera que confirme las creencias previas. Ejemplo: *"Me equivoqué la sílaba. Ya sabía que yo no sirvo para escribir"*.

5. **Lectura de pensamiento.** Presuponer las intenciones o cogniciones de los demás. Ejemplo: *"Ya sé que me vas a decir que no puedo ver la película"*.

6. **Error del adivino.** Creer saber cómo será el futuro y actuar conforme a ello. Ejemplo: *"No voy a probar andar en bicicleta porque ya sé que no me va a salir"*.

7. **Personalización.** Suponer que todo lo que la gente hace o dice tiene que ver directamente con uno mismo. Ejemplo: *"Guido agarró ese juguete porque quiere molestarme"*.

Sesgo negativo[32]

El sesgo de negatividad es un fenómeno psicológico por el que la gente pone más atención en las experiencias negativas que en las positivas, y les da más peso. Los estímulos negativos resultan más llamativos y dominantes, y las respuestas a las amenazas y las cosas desagradables son más rápidas y fuertes que las respuestas a las oportunidades y placeres.

Trastorno del lenguaje

Un trastorno del habla o lenguaje se refiere a los problemas de la comunicación u otras áreas relacionadas, tales como las funciones motoras orales. Estos atrasos y trastornos van desde simples sustituciones de sonido hasta la inhabilidad de comprender o utilizar el lenguaje o mecanismo motor-oral para el habla y la alimentación. Algunas causas de los impedimentos del habla o

---

32 https://evolucionyneurociencias.blogspot.com.ar/2012/12/el-sesgo-de-negatividad-lo-malo-es-mas.html.

lenguaje incluyen pérdida auditiva, trastornos neurológicos, lesión cerebral, discapacidad intelectual, abuso de drogas, impedimentos tales como labio leporino, y abuso o mal uso vocal. Sin embargo, con mucha frecuencia se desconoce la causa.

La comunicación del niño se considera atrasada cuando se la compara con sus compañeros en la adquisición de destrezas del habla o lenguaje. A veces el niño puede tener una mayor habilidad receptiva (comprensión) que expresiva (el habla), pero no siempre es así.

Los trastornos del habla se refieren a las dificultades en la producción de los sonidos requeridos para hablar o a problemas con la calidad de la voz. Estos se pueden caracterizar por una interrupción en el flujo o ritmo del habla como, por ejemplo, el tartamudeo o falta de fluencia. Los trastornos del habla pueden constituir problemas con la formación de sonidos, los cuales se llaman trastornos de la articulación o *fonológicos*, o pueden incluir dificultades con el tono, volumen o calidad de la voz. Puede haber una combinación de varios problemas.

Un impedimento del lenguaje es un impedimento en la habilidad para comprender o utilizar las palabras en unión, verbal y no verbalmente. Algunas características de los impedimentos del lenguaje incluyen:

→ El uso impropio de palabras y sus significados.
→ La inhabilidad de expresar ideas.

→ Los modelos gramaticales impropios.

→ Un vocabulario reducido.

→ La inhabilidad de seguir instrucciones.

Una de estas características o una combinación de estas puede ocurrir en los niños que sean afectados por discapacidades en el aprendizaje del lenguaje o atrasos en el desarrollo del lenguaje. Algunos niños pueden escuchar o ver una palabra, pero no pueden comprender su significado; y al mismo tiempo, pueden tener dificultades al tratar de comunicarse con los demás.

Impulsividad[33]

La conducta impulsiva en los seres humanos se expresa con características como la impaciencia, la constante búsqueda del riesgo y el placer, la necesidad de recompensa inmediata, la dificultad para analizar las consecuencias de los propios actos y la agresividad, así como con la falta de habilidad para detenerse, la dificultad para inhibir conductas motoras, el escaso juicio, las dificultades en la planificación, la anticipación de resultados desfavorables y la falta de autocontrol.

---

33 https://www.understood.org/es-mx/learning-attention-issues/
child-learning-disabilities/hyperactivity-impulsivity/
understanding-your-childs-trouble-with-impulsivity.

Los niños que tienen dificultades con la impulsividad
tienen problemas para detenerse a pensar antes de actuar. Ellos pueden decir cosas, interrumpir a otras personas, tener dificultad para esperar que sea su turno o
hacer cosas peligrosas para ellos. La conducta impulsiva
no se presenta con las mismas características en todos
los niños. Y los síntomas pueden cambiar a medida que
los niños crecen. Estas son algunas características que
puede tener el niño:

→ Tiene problemas para seguir las reglas
  constantemente.

→ Se comporta de manera agresiva hacia
  otros niños (golpeando, pateando o mordiendo;
  es común en los niños pequeños).

→ Tiene problemas para esperar su turno
  en los juegos y en las conversaciones.

→ Agarra cosas de otras personas o empuja a otros
  cuando está esperando en una fila.

→ Reacciona demasiado a la frustración,
  la decepción, los errores y las críticas.

→ Quiere tener la última palabra y tener
  el primer turno.

→ No entiende cómo sus palabras o conductas
  pueden afectar a las otras personas.

→ No entiende las consecuencias de sus acciones.

La causa más probable de la conducta impulsiva es el
trastorno por déficit de atención con hiperactividad

(TDAH). Esta es la condición cerebral más común en la infancia.

Algunos niños con TDAH actúan y hablan sin pensar, debido a que sus cerebros funcionan de un modo diferente al de los niños que no tienen este trastorno. La parte del cerebro que controla los impulsos se desarrolla más lentamente de lo normal. Es por esto que los niños con TDAH con frecuencia parecen menos maduros que sus compañeros.

Tipos de memoria[34]

1. **Memoria a largo plazo.** Esta clase de memoria mantiene la información inconscientemente; solo se vuelve consciente en el momento en que la recuperamos. Tiene la capacidad de almacenar información de forma permanente y casi ilimitada. Aquí se ubican imágenes, recuerdos de experiencias propias, conocimientos del mundo, conceptos, entre otros.

2. **Memoria a corto plazo.** Tiene una capacidad y duración limitada y almacena la información conscientemente. Esta memoria puede convertirse en memoria a largo plazo a través de la asociación significativa o la

---

34   http://www.tiposde.org/general/31-tipos-de-memoria/#ixzz4imJOPy2V.

repetición. Aquí se almacena la información con la que se interactúa con el ambiente.

3. **Memoria sensorial.** Está compuesta por el almacenamiento de toda la información que fue captada por los sentidos, una vez que el estímulo haya finalizado.

4. **Memoria semántica.** Imprescindible para la utilización del lenguaje, es la que retiene los significados de los conceptos (sin importar que no tengan que ver con vivencias propias) y sus relaciones semánticas.

5. **Memoria episódica.** Es la que almacena acontecimientos autobiográficos y que pueden ser evocados explícitamente.

Bibliografía

ANDERSEN, H. C. *El traje nuevo del Emperador.*
Disponible en: http://bibliotecadigital.ilce.edu.mx/Colecciones/
CuentosMas/Emperador.pdf.

CABEZAS GUTIÉRREZ, E. *Los 8 tipos de distorsiones cognitivas.*
Disponible en: https://psicologiaymente.com/inteligencia/
tipos-de-distorsiones-cognitivas.

DAVIDSON, R. y BEGLEY, S. (2013). *El perfil emocional de tu cerebro. Claves para modificar nuestras reacciones y mejorar nuestras vidas.* Barcelona: Ediciones Destino.

DAWSON, G., MCPARTLAND, J. C. y OZONOFF, S. (2014). *A Parent's Guide to Asperger Syndrome and High-Functioning Autism, First Edition: How to Meet the Challenges and Help Your Child Thrive.* Nueva York: Guilford Publications.

FABER, A. y MAZLISH, E. (1997). *Cómo hablar para que sus hijos le escuchen y cómo escuchar para que sus hijos le hablen.* Barcelona: Medici.

GREENE, R. W. (2013). *El Niño explosivo: Un nuevo modelo para comprender y criar al niño fácil de frustrar y crónicamente inflexible.* Bloomington: iUniverse.

KENWORTHY, L., ALEXANDER, K. C., GUTERMUTH ANTHONY, L., CANNON, L. M, ADLER WERNER, M. y GREENMAN, L. (2014). *Solving Executive Function Challenges: Simple Ways to Get Kids with Autism Unstuck and on Target.* Baltimore: Paul H. Brookes Publishing Company.

KING, R. (2014). *Cómo el autismo me liberó para ser yo misma*. TEDMED, TED Ideas Worth Spreading.
Disponible en: https://www.ted.com/talks/rosie_king_how_autism_freed_me_to_be_myself/up-next?language=es.

MALO, P. *El Sesgo de Negatividad. Lo Malo es más fuerte que lo Bueno*.
Disponible en: https://evolucionyneurociencias.blogspot.com.ar/2012/12/el-sesgo-de-negatividad-lo-malo-es-mas.html.

MINAHAN, J. y RAPPAPORT, N. (2012). *The Behavior Code: A Practical Guide to Understanding and Teaching the Most Challenging Students*. Harvard: Harvard Education Press.

PRIZANT, B. M. (2016). *Uniquely Human: A Different Way of Seeing Autism*. Nueva York: Simon & Schuster.

QUIJADA, P. (2015). "¿Discapacidad o neurodiversidad?". En revista *The Atlantic*, 3 de diciembre de 2015, ABC Blogs.
Disponible en: http://abcblogs.abc.es/cerebro/public/post/neurodiversidad-el-lado-positivo-de-la-discapacidad-17070.asp/.

ROBINSON, K. (2006). *Do schools kill creativity?*, TED Ideas Worth Spreading.
Disponible en: https://www.ted.com/talks/ken_robinson_says_schools_kill_creativity/transcript.

ROSENBERG, M. (2006). *Comunicación no violenta: un lenguaje de vida*. Buenos Aires: Gran Aldea.

SHANKER, S. (2007). *Self-Reg: How to Help Your Child (and You) Break the Stress Cycle and Successfully Engage with Life*. Montgomery: Glenthebookseller.

UNDERSTOOD.ORG. *Entender la conducta impulsiva de un hijo*.
Disponible en: https://www.understood.org/es-mx/learning-attention-issues/child-learning-disabilities/hyperactivity-impulsivity/understanding-your-childs-trouble-with-impulsivity.

SITIOS WEB

Autism Speaks
(https://www.autismspeaks.org/).

Buenos Aires Ciudad
(https://www.buenosaires.gob.ar)

Evolución y Neurociencias
(https://evolucionyneurociencias.blogspot.com)

La musicoterapia
(http://www.lamusicoterapia.com).

Psicoactiva
(https://www.psicoactiva.com).

TDAH y tú
(http://www.tdahytu.es/).

TED Ideas *Worth Spreading*
(https://www.ted.com).

Umass Medical School, Center for Mindfulness in Medicine, Health Care and Society
(https://www.umassmed.edu).

***Understood*. Dificultades de aprendizaje y de atención**
(https://www.understood.org).